Gabriele Ebert

Swami Ramdas:

Einführung in das Leben und die Lehre
eines hinduistischen Franziskus

Bibliografische Information der Deutschen Bibliothek

Die Deutsche Bibliothek verzeichnet diese Publikation in der Deutschen Nationalbibliografie; detaillierte bibliografische Daten sind im Internet über http://dnb.ddb.de abrufbar.

Herstellung und Verlag: BoD – Books on Demand, Norderstedt, 2024
ISBN: 9783759759931

Inhaltsverzeichnis

Einleitung

Swami Ramdas spielte im Indien des 20. Jh. neben Ramana Maharshi, Aurobindo und Anandamayi Ma im spirituellen Bereich eine zentrale Rolle, doch über ihn ist hierzulande nur wenig bekannt.

Über seine Erlebnisse und Erfahrungen berichtet er in seiner dreiteiligen Autobiografie: Auf der Suche nach Gott (In Quest of God, 1925), Mit der Schau Gottes (In the Vision of God, 1935) und Die Welt ist Gott (World is God, 1955). Es sind humorvoll geschriebene Berichte von seinen Pilgerreisen durch ganz Indien, der Gründung des Anandashram in Kasaragod und Kanhangad und seiner fünfmonatigen Weltreise in den 50ern, die ihn u.a. auch nach Deutschland führte. Seine Autobiografie ist eng mit seiner Lehre verwoben, die sein Leben prägte.

Ramdas ging den Weg des *Bhakti*, der Gottesliebe, und übte die Wiederholung des Ram-Mantras „OM Ram Jai Ram Jai Jai Ram" das sein Vater ihn gelehrt hatte. Die Verehrung der Gottheit Rama (Ramachandra) und die Mantra-Praxis ist in Indien weit verbreitet und erinnert im christlichen Bereich an das Jesusgebet. Rama ist eine populäre Inkarnation des Gottes Vishnu und der Held im Epos Ramayana.

Ram war für Ramdas wie ein persönlicher Freund, mit dem er sich unterhielt, scherzte und dem er auch Vorwürfe machte. Er verstand all sein Tun und was ihm widerfuhr als Rams Wille. Zugleich war er sich auch des unpersönlichen Aspektes Gottes als *Brahman* bewusst. Beide Aspekte sah er immer zusammen.

Wie Ramdas Gott in sich selbst manifestiert sah, so sah er Ihn auch in allen anderen Lebewesen gleichermaßen, ebenso in den Tieren, was an Franz von Assisi erinnert. Alle Religionen waren für ihn gleichwertig und führten zum selben Ziel. Seine Vision war die einer Welt, in der alle Menschen zunehmend diese universelle Sichtweise von Gott in allen Lebewesen haben und in Harmonie und Frieden miteinander leben.

Diese Biografie dient als Einleitung in Leben und Lehre von Ramdas. Wer ausführlicher über Ramdas lesen möchte, sei auf das Buch „Swami Ramdas: Die Autobiografie eines Gottliebenden" verwiesen.

Gabriele Ebert

Kindheit und Jugend

Vittal Rao (der spätere Ramdas) wurde am 10. April 1884 in Hosdurg, Nordkerala, als Sohn eines Verwaltungsangestellten geboren und wuchs mit zwölf Geschwistern auf. Seine Eltern waren tief religiös. Er gehörte der Brahmanenkaste an. Vittal besuchte zunächst die örtliche Schule in Hosdurg und wurde später nach Mangalore an die Mission High School geschickt. Er las viel, v.a. Werke englischer Autoren und besonders Shakespeare. Zudem interessierte er sich fürs Zeichnen, Töpfern und das Theater. Für die Schule hatte er nicht viel übrig, schwänzte oft den Unterricht und schaffte die Abschlussprüfung der High School nicht. Mit sechzehn kehrte er nach Hause zurück und schloss sich einer Schauspieltruppe an. Nach einigen Monaten schickte ihn sein Vater auf die Kunstschule nach Madras. Dann erhielt er einen Freiplatz an der Technischen Fachhochschule in Bombay, wo er drei Jahre lang Textiltechnik studierte.

In dieser Zeit begann Vittal, sich mit Philosophie zu beschäftigen, und geriet für einige Zeit in den Einfluss atheistischer Denker. Doch dann fielen ihm die Schriften von Ramakrishna, Vivekananda und Rama Tirtha in die Hände, seine Gesinnung wandelte sich, und es reifte in ihm der ernsthafte Wunsch, ein Gottsucher zu werden.

Ehe und Beruf

Nach erfolgreich abgeschlossenem Studium half er seinem Bruder Sitaramrao in dessen Betrieb in Madras. Danach arbeitete er in einer Baumwollspinnerei. Dort erreichte ihn der Beschluss seiner Eltern, dass er sich an einem bestimmten Tag in Mangalore zu seiner Hochzeit einzufinden habe. Obwohl er eigentlich nicht heiraten wollte, folgte er doch dem Brauch und heiratete 1908 Rukmabai. Sie war streng orthodox erzogen worden, und es war sehr schwer für sie, mit der freien Denkart ihres Gemahls klarzukommen. 1913 wurde die Tochter Ramabai geboren, die er sehr liebte. Zeitlebens hatte er einen besonderen Bezug zu Kindern.

Vittal konnte keine dauerhafte Anstellung finden und wechselte oft den Arbeitsplatz. 1918 gründete er seinen eigenen Betrieb, in dem Saris gefärbt und bedruckt wurden. Die Firma war erfolgreich und die Nachfrage nach den Stoffen groß, doch es mangelte ihm an Geschäftssinn, und er verschuldete sich, da er seinen Arbeitern zu hohe Löhne bezahlte. So trieb er immer mehr auf den finanziellen Ruin zu. Dann allerdings stellte sich ein neuer Geschäftspartner ein und schoss bereitwillig Geld zu. Die Firma hätte wohl überlebt, doch Vittals Weg war ein anderer.

Ende 1920 erkrankte Rukmabai schwer. Vittal betete inständig, und schließlich wurde sie wieder gesund. Diese Erfahrung bestärkte ihn in seiner religiösen Ausrichtung. Das weltliche Leben desillusionierte ihn und erfüllte ihn nicht. Mehr und mehr fühlte er sich gedrängt, den Namen „Ram" (Rama) zu wiederholen, wie es in Indien häufig praktiziert wird. Bald darauf wies ihn sein Vater an, das längere Ram-Mantra zu wiederholen, in das er selbst eingeweiht worden war und das lautet: „Sri Ram Jai Ram Jai Jai Ram". Er versicherte ihm, dass das ständige Singen dieses Mantras ihm ewiges Glück bringen würde.

Vittal fühlte sich inspiriert, jeder Wiederholung ein „Om" hinzuzufügen, und er begann, das Mantra „Om Sri Ram Jai Ram Jai Jai Ram" während seiner ganzen wachen Zeit zu chanten. Die Bedeutung des Mantras ist: Om = Unpersönliche Wahrheit. Sri = Göttliche Kraft. Ram = Gott, der sowohl Wahrheit als auch Kraft ist. Jai Ram = Sieg für Gott. Jai Jai Ram = Sieg, Sieg für Gott. Gott, der Du zugleich die unpersönliche Wahrheit und göttliche Kraft bist, Sieg für Dich, Sieg, Sieg für Dich.

Auch die Lehren von *Krishna*, Jesus, Buddha und Mahatma Gandhi beeinflussten Vittal sehr, und er suchte häufig nach spiritueller Orientierung in der *Bhagavad Gita*, im Neuen Testament, in „The Light of Asia" (Die Leuchte Asiens, Edwin Arnolds poetische Nacherzählung von Buddhas Leben und Lehren) und Gandhis Büchern „Young India" und „Ethical Religion".

Auf der Suche nach Gott

Der erste Teil seiner Autobiografie „Auf der Suche nach Gott" beginnt, als er noch im weltlichen Leben war und mit sich rang.

Er berichtet: „Fast ein Jahr lang kämpfte sich Ramdas durch eine Welt voller Sorgen, Ängste und Schmerzen. Es war eine Zeit von schrecklichem Stress und Unruhe, die er selbst verursacht hatte. In diesem völlig hilflosen Zustand voller Elend schrie er in seinem Herzen: ‚Wo ist Erleichterung? Wo ist Ruhe?' Der Schrei wurde gehört, und aus der großen Leere kam die Stimme: ‚Verzweifle nicht! Vertraue Mir, und du sollst frei sein' – und dies war die Stimme von Ram. Die große Gewissheit besänftigte das schmerzende Herz des hilflosen Ramdas wie sanfter Regen, der auf durstige Erde fällt. Von da an wurde ein Teil der Zeit, die früher ganz den weltlichen Angelegenheiten gewidmet war, für die Meditation Rams verwendet, der ihm wirklichen Frieden und Erleichterung schenkte. Allmählich wuchs die Liebe zu Ram, dem Geber des Friedens. Je mehr Ramdas über Seinen Namen meditierte und ihn aussprach, desto größer wurde die Erleichterung und Freude, die er fühlte. Die Nächte, die frei von weltlichen Pflichten waren, wurden im Laufe der Zeit fürs Ram-*Bhajan* genutzt, mit kaum einer oder zwei Stunden Schlaf. Seine Hingabe für Ram nahm sprunghaft zu."[1]

Zunehmend verlor die Welt für ihn ihre Anziehungskraft. Er verkürzte den Schlaf auf ein Minimum, seine Kleidung bestand fortan aus Handgesponnenem und sein Bett aus einer einfachen Matte. Er aß nur noch einmal am Tag.

Allmählich reifte in ihm die Erkenntnis, dass Ram die einzige Wirklichkeit war. Sein Verlangen nach Vergnügungen starb,

---

[1] Ramdas: Search, S. 3. Er selbst sprach von sich immer als von Ramdas in der dritten Person.

ebenso sein Sinn für Besitz und verwandtschaftliche Beziehungen. Ihm wurde immer mehr bewusst, dass alles Ram gehörte und alle Handlungen von Ihm ausgeführt wurden. Daraus entstand der Wunsch, alles aufzugeben und als Wandermönch durchs Land zu ziehen.

Er holte sich Rat in Edwin Arnolds „Light of Asia" und las die Worte Buddhas: „Nun ist die Stunde gekommen, in der Ich dieses goldene Gefängnis verlassen darf, in dem Mein Herz eingesperrt war. Ich werde zum Heil der Menschen so lange nach der Wahrheit suchen, bis Ich sie gefunden habe." Dann schlug er das Neue Testament auf und las die Worte Jesu: „Und jeder, der um meines Namens willen Häuser oder Brüder, Schwestern, Vater, Mutter, Kinder oder Äcker verlassen hat, wird dafür das Hundertfache erhalten und das ewige Leben gewinnen." (Mt 19.29) Als er auch in der Gita auf die Stelle traf: „Gib alle Pflichten auf, und suche bei Mir allein Zuflucht! Sorge dich nicht, Ich werde dich von allen Sünden befreien!", war im alles klar. Alle drei göttlichen Inkarnationen, Buddha, Jesus und *Krishna*, wiesen ihm denselben Weg. Da fasste er den Entschluss, endgültig das weltliche Leben hinter sich zu lassen. Er besorgte sich zwei orangefarbene Tücher als Kleidung. Dann schrieb er einen Brief an seine Frau und an einen guten Freund.

Am 27. Dezember 1922 schrieb er an Rukmabai:

Liebe Schwester,.

ich wähle diese Anrede, weil Du fortan für mich wie eine Schwester sein wirst.

Sri Ram, dem ich mich voll und ganz überantwortet habe, hat mich aus meinem alten Leben abgerufen. Ich ziehe – mit Seinem süßen Namen auf den Lippen – als Wandermönch hinaus in die Welt. Du weißt, dass ich nur eines erstrebe: die Liebe und Gnade Sri Rams. Diesem Ziel widme ich den Rest meines Lebens. Ich bin bereit, dafür jedes Leid – mag es auch noch so schwer sein – auf mich zu nehmen. Vielleicht werden wir uns nicht mehr begegnen – auf keinen Fall jedoch als Mann und Frau.

Weiche nicht ab vom Pfad der Wahrheit, und leite Rame (Ramabai) an, das gleiche zu tun!

Gib die Arbeit am Spinnrad nicht auf! Sie wird dazu beitragen, dass Du glücklich und zufrieden bist. Lass auch Rame diese Arbeit verrichten!

Sri Rams Segen für Dich und Rame! Er wird Euch beschützen!

Dein Dich liebender

P. Vittalrao[1]

Rukmabai konnte zunächst das Verhalten ihres Mannes nicht verstehen. Erst im Laufe der Zeit wuchs ihr Verständnis, und später wurden sie gute Freunde.

Am nächsten Morgen um fünf Uhr brach Vittal zu seiner großen Wanderschaft auf, die ihn durch ganz Indien führen sollte. Er war inzwischen 38 Jahre alt.

Sein Buch „Auf der Suche nach Gott" umfasst den Zeitraum von einem Jahr nach diesem Erlebnis.

---

[1] Chandrashekar: Passage, S. 71 f.

Das Leben als Wandermönch

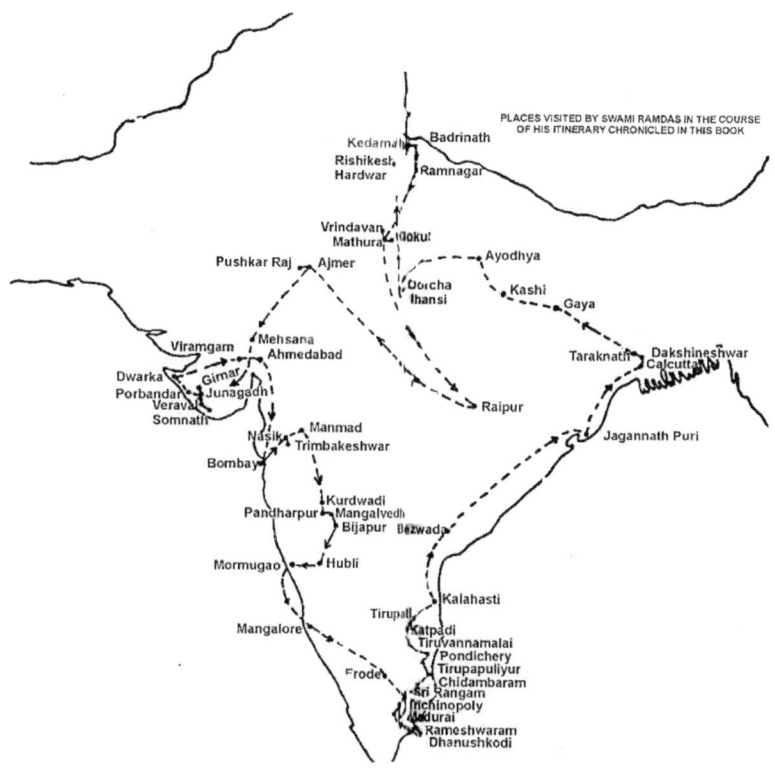

Orte, die Ramdas während seiner ersten Pilgerreise besuchte

Am 27. Dezember 1922 nahm Vittal den Morgenzug von Mangalore nach Erode. Er hatte 25 Rupien und einige Bücher dabei, darunter die Gita und das Neue Testament. Er wusste nicht, wie es weitergehen sollte, und wanderte ziellos umher. Als es dunkel wurde, kam er zu einer niedrigen Hütte, an deren Eingang eine Frau stand. Er bat sie um Essen, und sie bewirtete ihn gern mit Reis und Milch. Danach ging er zum Bahnhof, wo er die Nacht verbringen wollte. Um Mitternacht kündigte ein Glockenzeichen die Ankunft eines Zuges an. Ein Tamile fragte ihn, wohin er wolle. Vittal konnte darauf nicht antworten. Da bot dieser ihm an, ihn bis Trichinopoly mitzunehmen, und Vittal gab ihm Geld für die Fahrkarte.

Am Abend kamen die beiden in Trichinopoly an. Vittal begab sich in die Stadt, wobei er ständig den Namen Rams wiederholte. Die Nacht verbrachte er auf der Veranda eines Hauses. Da kam es ihm in den Sinn, dass Gott wollte, dass er sich auf Pilgerreise zu den heiligen Stätten und Flüssen Indiens begeben sollte. So trat er am frühen Morgen den Fußmarsch ins sieben Meilen entfernte Srirangam an, das ein bekannter Pilgerort ist.

Srirangam liegt am heiligen Fluss Kaveri. Vittal badete darin und legte danach die orangefarbenen Tücher als sein neues *Sannyas*-Gewand an. Seine weißen Gewänder, die Kleidung der Verheirateten, die er bisher getragen hatte, überließ er den Fluten. Seinen Namen änderte er zu Ramdas (Diener Rams) und legte drei Gelübde ab: sein Leben Ram zu weihen, striktes Zölibat einzuhalten und alle Frauen als Mütter zu betrachten sowie sich nur von Almosen zu ernähren. Seine Praxis bestand darin, alles in der Welt als die Formen Rams und alles, was ihm widerfuhr, als den Willen Rams zu betrachten.

Ramdas – wir wollen in künftig bei diesem Namen nennen – war nun ein Wandermönch. Das beseligende Gefühl, mit Rams Hilfe neu geboren worden zu sein, erfüllte ihn. Alle Sorgen und Ängste verschwanden für immer, und er wurde von Frieden erfüllt. Er ernährte sich von dem, was er durch *Bhiksha* erhielt, v.a. Milch, Obst, Reis, *Rotis* und *Dal*. Da er fast keine Zähne mehr besaß, musste die Nahrung weich sein. Oft lebte er nur von Milch, und immer wieder legte er ein reines Wasserfasten ein, wenn Ram es seiner Meinung nach wollte.

Er kam zu einer Raststätte, vor der zwei junge *Sadhus Bhajans* sangen. Er gesellte sich ihnen bei und stellte wie sie seinen Napf vor sich hin, damit vorbeiziehende Pilger etwas hineinlegen konnten. Sie sangen bis gegen Mittag. Die *Sadhus* waren über die geringen Gaben der Pilger enttäuscht, und einer von ihnen meinte: „Seit heute Morgen haben wir zur Ehre Gottes gesungen, und Er hat uns nur so wenig dafür gegeben. Oh Gott, wie sollen wir unseren Hunger stillen? Ist unser *Bhajan* nicht mehr wert als diese paar Pfennige?"

Ramdas antwortete: „Brüder, euer *Bhajan* behält seinen Wert auch ohne Bezahlung. Gott ist immer gütig und liebevoll. Niemals lässt Er den im Stich, der Ihm vertraut. Ram hat durch Seinen bescheidenen Sklaven Geld für euer heutiges Essen geschickt."[1] Dann gab er ihnen eine Rupie, die sie verwundert annahmen.

Ramdas fand in seinem Napf immerhin zwei Kupfermünzen, von denen er sich glücklich sein erstes *Bhiksta*, Almosen, kaufte: zwei kleine Bananen.

---

[1] Ramdas: Search, S. 12

Ein anderer *Sadhu* fragte ihn nach seinen Plänen. Ramdas wusste darauf keine Antwort zu geben. Da forderte der *Sadhu* ihn auf, sich ihm anzuschließen. Er war der erste *Sadhu*, der ihn auf seiner Pilgerreise führte und ihm half. Ramdas nannte ihn und auch die folgenden, die sich nach und nach einstellten, Sadhuram.

Er händigte dem Sadhuram sein letztes Geld aus, damit er es unter den Armen verteilte, und fühlte sich überaus erleichtert.

Da die beiden nun völlig mittellos waren, bestiegen sie den Zug nach Rameshwaram ohne Fahrkarten. Kurz vor dem Ende ihrer Reise verlangte der Kontrolleur die Fahrkarten, und da sie keine besaßen, zwang er sie, vorher auszusteigen. Ramdas betrachtete das als die Gnade des Herrn, denn ein Pilgerort wie Rameshwaram sollte ein *Sadhu* zu Fuß erreichen, und es waren nur noch sechs Meilen.

Unterwegs begegneten sie einem Friseur, von dem sich Ramdas den Bart scheren und den Kopf rasieren ließ. Anschließend nahmen sie ein Bad, bevor sie den berühmten Tempel von Rameshwaram betraten. Im innersten Schrein fand soeben ein Gottesdienst zu Ehren Rams statt.

Anschließend fuhren sie nach Madurai, das ebenfalls einen berühmten Tempel besaß. Dort trennte sich der Sadhuram von ihm, nachdem er ihn zum Zug nach Chidambaram gebracht hatte.

Ramdas war wieder ohne Führer. In Chidambaram folgte er einigen Pilgern zum berühmten Tempel, doch er durfte nicht hinein, weil ihm das Eintrittsgeld fehlte. Nach einem Bad im Tempelteich setzte er sich auf einen Stein und las in der Gita. Da setzte sich ein Tamile neben ihn und fragte, ob er schon gegessen habe. Er gab ihm Bananen und bezahlte für ihn den Eintritt in den Tempel. Danach besorgte er ihm ein Nachtlager und verabschiedete sich von ihm.

Am nächsten Morgen stand Ramdas mit anderen Pilgern am Bahnhof, wiederum ohne ein Ziel vor Augen. Am Nachmittag stieg er in einen Zug, von dem er nicht wusste, wohin er fuhr. Dort stellte sich ein neuer Sadhuram ein, der ihn nach Tirupapuliyur brachte. Da erwachte in Ramdas der Wunsch, Aurobindo in Pondicherry zu besuchen. Der Sadhuram brachte ihn dorthin. Als sie aber das palastartige Gebäude, in dem Aurobindo lebte, betreten wollten, sagte einer der Pförtner, dass Aurobindo sich für ein Jahr zurückgezogen habe und niemanden empfangen würde. So blieb ihnen nichts anderes übrig, als unverrichteter Dinge nach Tirupapuliyar zurückzukehren.

Bei Ramana Maharshi

Ramana Maharshi (1879-1950)

Am nächsten Tag machten sie sich mit der Bahn auf den Weg nach Tiruvannamalai. Dort erfuhren sie die Gastfreundschaft eines Goldschmieds. Morgens und abends besuchten sie den großen Arunachaleswara-Tempel in der Stadt und schließlich Ramana Maharshi in seinem Ashram. Der Ramanashram am Fuß des heiligen Berges Arunachala bestand in den frühen 20ern nur aus einer strohgedeckten Hütte.

Beide Besucher warfen sich vor dem Heiligen nieder. Ramana war in den 40ern. Sein Gesicht drückte Gelassenheit aus, und in seinen großen Augen lag ein zärtlicher Blick, der alle, die zu ihm kamen, in den Bann des Friedens und der Freude zog. Ramdas erfuhr, dass der Heilige Englisch konnte, und sagte zu ihm: „Maharaj, hier steht ein demütiger Sklave vor dir. Hab

Erbarmen mit ihm. In der Gestalt von Ramdas bittet er dich, ihm deinen Segen zu geben."

Der Maharshi sah Ramdas einige Minuten lang aufmerksam in die Augen, als ob er ihm seinen Segen erteilen würde. Dann wiegte er seinen Kopf, was bedeutete, dass er seiner Bitte entsprochen hatte. Ramdas spürte, wie ihn ein Schauer unaussprechlicher Freude durchfuhr. Sein Körper zitterte wie ein Blatt in Wind, und Glückseligkeit erfüllte ihn.

Daraufhin verspürte er das Verlangen, sich in die Einsamkeit zurückzuziehen. Er stieg mit dem Sadhuram den Arunachala hinauf. Dieser zeigte ihm einige Höhlen, von denen er sich eine kleine Höhle aussuchte. Hier lebte er fast einen Monat in Meditation versunken. Dies war das erste Mal, dass er so etwas tat.

Täglich durchstreifte er die Gegend des Arunachala. In den Morgenstunden ging er durch die Straßen von Tiruvannamalai und ließ sich von den freundlichen Müttern seine Schale mit Reis füllen. Diesen Reis kochte er dann in seiner Höhle mit dem klaren Wasser eines Bächleins, das an ihr vorbeifloss. Er hatte weder Salz noch andere Zutaten. Bei seinem einfachen Mahl hatte er stets einige Eichhörnchen zu Gast, die ihm aus der Hand fraßen. Es war ein glückliches, sorgenfreies Leben.

Ramdas erzählte Dilip Kumar Roy, dass er in der Höhle des Arunachala die Gnade erhalten habe, Ram beständig und in allem zu sehen. „Es war nicht diese momentane Vision, nach der sich Ramdas' Herz sehnte. Denn er wusste, dass eine solche Vision nicht bleibend war und er in seine Dunkelheit zurückkehren würde, wenn der Herr wieder verschwand. Deshalb betete er um den großen *Darshan*, die Vision der Visionen, die für immer bleibt, sodass es keinen Abschied mehr gibt, nämlich den *Vishvarupa Darshan*, Rama immer in allem zu sehen. Nichts weniger würde Ramdas zufriedenstellen. Und es kam eines Morgens apokalyptisch über ihn, wobei die ganze Landschaft sich veränderte. Alles war Rama, nichts als Rama –

wohin Ramdas auch blickte! Alles war von Rama beseelt – lebendig, wunderbar, verzückt – die Bäume, die Sträucher, die Ameisen, die Kühe, die Katzen, die Hunde – sogar die unbelebten Dinge pulsierten mit der wunderbaren Gegenwart des einen Rama. Ramdas tanzte vor Freude wie ein Junge, der nicht anders kann, als zu tanzen, wenn er ein schönes Geschenk erhält. Er stürzte sich auf einen Baum, den er umarmte, weil es kein Baum war, sondern Rama selbst! Ein Mann ging vorbei. Ramdas lief auf ihn zu, umarmte ihn und rief: Rama, oh Rama! Der Mann bekam Angst und rannte davon. Aber Ramdas verfolgte ihn und schleppte ihn zurück in seine Höhle. Der Mann bemerkte, dass Ramdas keine Zähne im Mund hatte, und fühlte sich daher ein wenig beruhigt. Wenigstens würde der Verrückte ihn nicht beißen."[1]

Nachdem Ramdas fast einen Monat auf dem Arunachala verbracht hatte, ging er zum Bahnhof und stieg in den nächstbesten Zug, von dem er nicht wusste, wohin er fuhr. In der nächsten Station gesellte sich ein neuer Sadhuram zu ihm und bot ihm an, ihn nach Tirupati zu begleiten.

---

[1] Swami Ramdas: How I came to the Maharshi, in: The Mountain Path 1/65, S. 12 f.

In Puri und Dakshineswar

Als sie in Tirupati aus dem Zug gestiegen waren, begannen sie, die 700 Stufen zum Tempel von Balaji hinaufzusteigen. Es war kalt. Als sie oben ankamen, konnten sie sich an einem Feuer aufwärmen, das die Pilger vor dem Tempel entzündet hatten. Doch kaum waren sie eingetroffen, kam der Tempelwächter und forderte alle auf, zu gehen, da das Haupttor geschlossen werden sollte. Ramdas und der Sadhuram mussten die kalte und windige Nacht in einem leeren Gebäude verbringen. Der Sadhuram beklagte sich, dass er sicherlich kein Auge zutun könne, doch Ramdas meinte nur, dies sei doch eine gute Gelegenheit, die ganze Nacht den Namen Rams zu wiederholen.

Das nächste Reiseziel war Puri, wo die Gottheit Jagannath verehrt wird. Die Nacht, die sie auf der offenen Veranda eines Gästehauses verbrachten, war erneut bitter kalt. Am nächsten Tag besuchten sie den berühmten Tempel, dessen Eingang von Massen von Pilgern verstopft war. Ramdas rief zu Ram: „Oh Ram, wie kann Dein schwacher Diener in diesem Menschenansturm zu Deinem Heiligtum vordringen?" Da kam ein hochgewachsener Brahmane, fasste ihn an der Hand und bahnte ihm unter Anwendung aller Kräfte einen Weg durch die Menge. Einige Minuten später stand Ramdas vor der großen Statue von Jagannath. Danach führte der Brahmane ihn durch den Tempel. Ramdas war so gerührt, dass er Freudentränen vergoss. Er fragte den Brahmanen, warum er einem völlig Fremden diesen Dienst erwiesen hatte. Der Brahmane erwiderte, dass er plötzlich den starken Wunsch verspürt habe, ihn zu Jagannaths Statue zu bringen, als er ihn gesehen habe. Warum, wisse er nicht.

Am selben Abend fuhr er mit dem Sadhuram nach Howrah. Wieder einmal wurden sie kontrolliert und mussten den Zug vorzeitig verlassen. Der Kontrolleur, der mit ihnen ausgestiegen war, war diesmal ein Christ. Er durchsuchte das Gepäck der beiden, um dies und das zu behalten. Ramdas hatte keine

Einwände und meinte, er könne alles haben, da diese Dinge sowieso nicht ihm, sondern Ram gehören würden.

Der Tempelbereich in Dakshineswar
und Ramakrishna in seinem Zimmer

Da fand der Kontrolleur das Neue Testament in seinem Gepäck, was ihn erstaunte, und fragte Ramdas, ob er an Christus glaube. Dieser meinte: „Warum nicht? Christus ist auch ein Gesandter Gottes, der zur Rettung der Menschheit gekommen ist." Das rührte den Mann. Er bat um Verzeihung, führte die beiden in sein Dienstzimmer und bewirtete sie. Dann setzte er sie in den nächsten Zug nach Howrah.

Am nächsten Tag gelangten sie über Kalkutta nach Kalighat, wo sie im Tempel *Kali* verehrten. Danach besuchten sie Dakshineswar, wo der große Heilige Ramakrishna (1836-1886) gelebt hatte. Da sie spät angekommen waren, machte der Tempeldiener eine Ausnahme und ließ sie den *Darshan* der Göttin *Kali* haben und im Tempelbereich übernachten. Es ging jedoch ein eisiger Wind, und die Moskitos plagten sie. Der Sadhuram beschwerte sich, doch Ramdas nutzte wie üblich die Gelegenheit zur Meditation über Ram.

Am nächsten Tag wurden sie zum Mittagessen eingeladen, und ein junger bengalischer *Sannyasin* zeigte Ramdas alle Orte, die mit Ramakrishna in Verbindung stehen, wie sein Zimmer, wo er gewohnt hatte, und das Panchavati, eine Baumgruppe im Garten, wo er meditiert hatte. Ramdas war tief berührt.

Danach besuchten sie den Belur Math, die Hauptniederlassung des Ramakrishna-Ordens am anderen Gangesufer und reisten weiter nach Taraknath, Gaya und Benares (Kashi). Benares gilt als die heiligste Stätte Indiens. Im Winter war es dort empfindlich kalt, und sie mussten im Freien übernachten. Weder er noch der Sadhuram besaßen warme Kleidung.

Sie fuhren nach Ayodhya, der Mythologie nach der Geburtsort Ramas, und Jhansi, wo der Sadhuram sich von ihm trennte, da er genug von den Unannehmlichkeiten und vor allem von den kalten und beengten Übernachtungen hatte. Doch Ramdas blieb nicht lange allein. Ein Kaufmann namens Mahadev nahm sich seiner an, lud ihn zum Essen ein und bot ihm an, er möge doch einige Zeit bei ihm bleiben. Ramdas Kleidung bestand nur noch aus Fetzen. Der neue Freund versorgte ihn aufs Beste und schenkte ihm warme Kleidung. Ramdas blieb einen Monat bei Mahadev. Er nahm ihn mit zu muslimischen Heiligen und zu *Bhajans*, die in der Stadt stattfanden.

Im Himalaya, in Mathura und wieder im Süden

Ramdas hatte von den heiligen Stätten Kedarnath und Badrinath im Himalaya gehört und war erfüllt vom Wunsch, dorthin zu pilgern. Er erfuhr, dass der Weg beschwerlich und gefährlich war, doch das brachte ihn nicht davon ab. Unter den Freunden Mahadevs war ein junger Mann namens Ramkinker, der sich sehr zu Ramdas hingezogen fühlte. Er bot sich als Begleiter an.

Gut ausgerüstet brachen Ramdas und Ramkinker in den Himalaya auf. Zunächst fuhren sie nach Hardware, dann nach Rishikesh. Nach drei Tagen begann der Aufstieg ins Gebirge. Ramdas verlor sich in der Betrachtung der Naturschönheit. Er bewältigte den Aufstieg mit Leichtigkeit. Ständig wiederholte er Rams Namen. Die meiste Zeit war er sich seines Körpers nicht bewusst. Schließlich begann Ramkinker, der ein schweres Bündel trug, sich über Ramdas Tempo zu beklagen. Doch Ramdas konnte nicht innehalten. So verloren sie einander und fanden sich erst später wieder.

Im Himalaya wohnten viele *Rishis* und *Sadhus*, und die Ashrams berühmter Heiliger wie Narada und Agastya Muni befanden sich dort. Der Weg war gefährlich und führte über Gletscher. Manchmal war er sehr schmal, und Felsschluchten taten sich am Rand auf. Wackelige Brücken mussten überquert werden. Viele Pilger stürzten in dieser Gegend ab. Schließlich erreichten sie Kedarnath, wo grimmige Kälte herrschte.

Nach mehrtägiger Wanderung kamen sie in Badrinath an. Es gab dort ein Becken, das von einer heißen Quelle gespeist wurde. Dort nahmen sie ihr Bad.

Der Tempel ist ein berühmtes Pilgerziel. Auch hier war der Eingang durch Pilgermassen verstopft, und es gelang Ramdas nur mit Hilfe eines freundlichen Helfers, vor die Statue Badrinaths zu treten.

Der Tempel von Badrinath,
Wikimedia Commons, Foto: Rawatakhilesh, 2019

Nach einem Tag machten sie sich auf den Rückweg und wanderten nach Ramnagar, wo die nächste Bahnstation war. Insgesamt hatten sie während ihres 40tägigen Aufenthalts im Himalaya 400 Meilen zu Fuß zurückgelegt.

Von Ramnagar aus fuhren sie mit dem Zug nach Mathura, wo sich Ramkinker von Ramdas trennte. Doch bereits in der nächsten Pilgerstation nahm sich der nächste Sadhuram seiner an.

Mathura gilt als der Geburtsort *Krishnas*. Ramdas begab sich zum heiligen Fluss Jamuna. Als er dort vor seinem Bad seine Brille ablegte, schnappte sie sich ein Affe und rannte damit davon. Ramdas war sehr kurzsichtig, doch da er alles dem Willen Rams zuschrieb, machte er auch hier keine Ausnahme. Ein Brahmane schickte zwei Jungen den Affen nach, und sie brachten ihm die Brille unversehrt zurück.

Anschließend machten sie sich auf den Weg nach Govardhan.

Danach wanderte Ramdas alleine nach Gokul, wo *Krishna* der Legende nach seine Kindheit verbracht hatte, dann nach Vrindavan, das mit dem jugendlichen *Krishna* und den Milchmädchen (*Gopis*) in Verbindung steht. Dort verbrachte Ramdas glückliche zwei Wochen. Manchmal war ihm, als würde er in der sanften Brise *Krishnas* betörendes Flötenspiel vernehmen. Er besuchte mehrere *Krishna*-Tempel.

Anschließend fuhr er mit dem Zug nach Raipur und weiter nach Ajmer. Hier geleitete ihn ein Moslem zum berühmten islamischen Heiligtum Khaja Pir, wo ein Moslemheiliger bestattet ist.

Danach stellte sich ein neuer Führer ein, der für ihn sorgte. Nach drei Tagen verließen sie Ajmer und wanderten nach Pushkar Raj. Dort meditierte Ramdas fünf Tage lang in einer Höhle. Er wurde magisch von Höhlen angezogen, und wenn immer er auf eine Höhle stieß, beschloss er, einige Tage in ihr zu verbringen.

Ramdas wanderte weiter und zog sich schließlich in einen kleinen Tempel im Dschungel zurück, wo er sechs Wochen verbrachte. Dorfbewohner hatten Ramdas vor den gefährlichen Tieren gewarnt, doch er kannte keine Furcht. Die Tür des Tempels stand immer offen. Es kamen Wildschweine in die Nähe des Tempels, die aber friedlich blieben. Große schwarze Schlangen hielten sich im Tempel auf. Unter seiner Schlafmatte fand er morgens rot-gelbe Skorpione. Am Nachmittag erhielt er meist Besuch von Hirtenjungen, die für ihn Flöte spielten.

Anschließend fuhr er mit dem Zug nach Juganad, wo er eine Woche in einem Ashram neben dem Tempel verbrachte. Einer der *Sadhus* dort litt an heftigem Fieber. Ramdas setzte sich an sein Bett und begann, leicht seine Beine zu massieren, was der *Sadhu* aber nicht zulassen wollte, da er sich dieser Behandlung nicht würdig fühlte. Er wünschte sich jedoch Ramdas' Segen. Ramdas erwiderte, er sei ein einfacher Diener Rams und habe kein Recht, irgendjemanden zu segnen. „Dann segne mich im Namen Rams", bat der Kranke. Ramdas tat dies, und tatsächlich war der *Sadhu* am nächsten Morgen gesund. Ähnliches wiederholte sich öfter.

Danach bestieg er mit einigen *Sannyasins* den Berg Girnar, wo Guru *Dattatreya* und Mutter *Ambaji* geweilt haben sollen. 9.000 Stufen führten hinauf. Um Mitternacht erreichten sie nach 6.000 Stufen einen kleinen Ashram, wo sie übernachteten. Es war bitterkalt. Die letzte Strecke war sehr gefährlich, doch Ramdas führte die Gruppe an. Oben genossen sie einen atemberaubenden Anblick auf eine bezaubernde Landschaft.

Danach war Ramdas Gast bei einem Kaufmann, der, wie der *Sadhu* zuvor, durch den Segen Rams geheilt wurde, der ihm Ramdas erteilt hatte. Ramdas wollte den Tempel von Prachi und Muddi Goraknath besuchen. Der Kaufmann bestand darauf, dass er in einem Ochsenkarren zu den Orten fuhr und nötigte ihn, sich in das Gefährt zu setzen. Der Fahrer hieb mit einem dicken Stock unbarmherzig auf die Ochsen ein. Ramdas war es, als würden ihm selbst die Hiebe gelten. Er bat den Fahrer, damit aufzuhören, doch der meinte, dass sich die Ochsen nur durch Prügel bewegen würden. Da stieg Ramdas ab, gab ihm eine Rupie, die er vom Kaufmann für die Fahrt erhalten hatte, und ging zu Fuß weiter. Am Abend erreichte er den Tempel von Muddi Goraknath. Danach kehrte er zu dem Kaufmann zurück und fuhr dann nach Junagad.

Daraufhin zog sich Ramdas in den Ruinen des Muchkund Rishi Ashrams in der Nähe der Stadt zurück. Fledermäuse waren die einzigen Bewohner, und der Ort galt als verrufen. Bald sprach es sich herum, dass sich dort ein *Sadhu* aufhielt, und viele Bewohner der Stadt besuchten ihn. Einer seiner Freunde brachte ihm eine Koranübersetzung mit, die er eifrig studierte.

Nach zehn Tagen setzte er seine Pilgerreise fort. Er schloss sich einigen *Sadhus* an und pilgerte nach Dwaraka, wo *Krishna* der Mythologie nach König gewesen war.

Nach zwei Tagen machte er sich mit einer Gruppe *Sadhus* auf den Rückweg. Der Anführer der Gruppe mahnte sehr früh zum Aufbruch, hatte sich jedoch in der Zeit vertan. Im Stockdunklen versuchte er, die Gruppe zu führen. Es dauerte lange, bis die Sonne aufging, und da sie in der Dunkelheit in ein schlammiges Gelände geraten waren, waren sie gezwungen, dort stehen zu bleiben, wo sie waren, bis die Sonne aufging. Als sich schließlich der Tag ankündigte, verließen die *Sadhus* murrend ihren Führer. Ramdas, der wie stets mit der Wiederholung von Rams Namen beschäftigt war, blieb bei ihm, trug seine Sandalen und seinen Messingtopf und begleitete ihn zum nächsten Bahnhof, wo sie sich trennten.

Ramdas stieg in den Zug nach Bombay. Als sie sich Ahmadebad näherten, kam der Kontrolleur, der den *Sadhus*, die ohne Fahrkarte fuhren, befahl, den Zug zu verlassen. Ramdas erhob sich mit den anderen, doch der Kontrolleur legte seine Hand auf seine Schulter und sagte, dass das nicht für ihn gelte. So setzte er seine Reise nach Bombay fort.

Dort wurde wiederum für ihn gesorgt, und er erhielt einen Bon für ein Mittagessen, das ein reicher Kaufmann den *Sadhus* spendierte. Da sprach ihn ein *Sadhu* an und jammerte, er habe seinen Bon verloren. Bereitwillig gab ihm Ramdas den seinen, etwas, was immer wieder vorkam. Ramdas ertrug es nicht, jemanden hungern zu sehen und hungerte dafür lieber selber.

An der Straßenecke wollte ein vergrämt aussehender Mann ihm ein Geldstück schenken, doch Ramdas nahm grundsätzlich kein Geld an und bat ihn, ihm stattdessen etwas Obst zu kaufen. Der Mann besorgte ihm eine Banane, setzte sich neben ihn und berichtete ihm von seinem Kummer. Er hatte vor wenigen Wochen seinen einzigen Sohn verloren. Ramdas gab ihm den Rat, sich nicht der Täuschung hinzugeben, stattdessen über Gott zu meditieren und den Namen Rams zu wiederholen. Dann weihte er ihn in das Ram-Mantra ein und ließ es ihn 15 Minuten lang wiederholen. Bald fühlte sich der Mann erleichtert. Ähnliche Vorfälle ereigneten sich immer wieder.

Ramdas lief ziellos durch die Stadt, bis er sich plötzlich vor dem Haus seines Bruders Ramakrishna Rao, der Porträtmaler in Bombay war, wiederfand. Er blieb vier Tage bei ihm. Sein Bruder begleitete ihn zum Bahnhof, kaufte ihm eine Fahrkarte und drückte ihm ein Päckchen mit Obst und Süßigkeiten in die Hand.

Ramdas nächstes Reiseziel war Panchavati, das am Fluss Godavari liegt. In der dortigen Pilgerunterkunft traf er eine Gruppe von Bettlerinnen mit ihren Kindern. Er verteilte alles, was sein Bruder ihm mitgegeben hatte, an die Kinder. Dann ging er zum Fluss, wusch seine Kleider, badete und meditierte. Daraufhin verhalf ihm ein Mann zu einem Mittagessen. Auch stellte sich ein neuer Sadhuram ein, der ihn versorgte.

Dieser Sadhuram, ein ehemaliger Kaufmann, fragte Ramdas, ob er willentlich Träume herbeiführen könne. Ramdas erwiderte, davon verstünde er nichts, er brauche nichts außer Ram. Der Sadhuram meinte, Ram könne ihm doch die Gewinnzahlen beim nächsten Derbyrennen im Traum verraten. Den Gewinn könnte er zur Speisung von *Sadhus* einsetzen. Ramdas erwiderte, dass Ram sich auch um die Speisung der *Sadhus* kümmern würde. Daraufhin verstummte der Sadhuram.

Als nächstes reiste Ramdas nach Tapovan am Godavari-Fluss, wo Ramas Bruder Lakshmana in der Mythologie den Kampf mit dem Ungeheuer Surpanatha ausgefochten hat. Dort befinden sich einige Höhlen. Ramdas zog sich in eine von ihnen zurück. Doch da es sehr kalt war, meditierte er die ganze Nacht hindurch.

Dann wanderte er zu Fuß ins sechzehn Meilen entfernte Trimbakeshwar. Zuerst besuchte er den Tempel, dann machte er sich daran, die hohen Berge ringsum zu erklimmen. Berge faszinierten ihn immer, und meist konnte er der Versuchung nicht widerstehen, hinaufzusteigen, so auch diesmal. Nachdem er allein den Brahmagiri bestiegen hatte, immer den Namen Rams auf den Lippen, teilte ein Einsiedler, der bei einem kleinen Tempel oben auf dem Berg lebte, sein einfaches Mahl mit ihm. Der weitere Weg führte ihn durchs Gestrüpp. Schließlich kam er an eine steil abstürzende Felsenschlucht. Trotz der Gefahr wagte er den Abstieg und hielt sich an den trockenen Grasbüscheln fest. Plötzlich verlor er den Halt und rutschte ab, doch er ließ sich nicht aus der Ruhe bringen und wiederholte laut den Namen Rams. Im letzten Moment fand er mit seiner rechten Hand wieder Halt an einem Stein. Solche waghalsigen Klettermanöver waren typisch für Ramdas. Bald darauf erreichte er den Pfad, auf dem er heraufgestiegen war.

Nach einem kurzen Besuch im Tempel von Trimbakeshwar ging er zum Bahnhof und bestieg den Zug nach Pandharpur, dessen Tempel Vithoba geweiht ist. Dort blieb er fünf Tage und wanderte dann nach Mangalvedha weiter, wo er von einem Kaufmann aufs Beste bewirtet wurde und ebenfalls fünf Tage blieb. Die nächste Station war Bijapur.

Ramdas Bruder Ramakrishna Rao hatte in ihm den Wunsch erweckt, den berühmten Heiligen Siddharadhu Swami aufzusuchen. So ging er zu dessen Ashram bei Hubli. Dort verbrachte er zehn glückliche Tage. Von dem Heiligen ging ein tiefer Friede aus. Ramdas nahm begierig jedes Wort auf, das der Heilige sprach.

Da erfuhr Ramdas Frau Rukmabai, die sich mit ihrer Tochter in Mangalore im Haus ihrer Eltern aufhielt, dass er in Hubli war. Sie kam mit ihrer Tochter Ramabai, um ihren Mann heimzuholen und ihn zu überreden, zum weltlichen Leben zurückzukehren. Doch Ramdas antwortete ihr: „Oh Mutter, alles ist das Werk Rams. Er allein hat Ramdas aus den Fesseln des weltlichen Lebens befreit. Ramdas ist Sein Sklave und möchte nichts anderes sein. Es gilt, Rams Allmacht zu erkennen und sich Ihm ganz anzuvertrauen. Man muss wissen, dass Er allein alle Handlungen vollbringt und dass Ihm alles gehört. Deshalb, oh Mutter, lege deine Sorgen und Ängste ab, begib dich zu den Füßen Rams und verbleibe dort in Frieden und immerwährender Glückseligkeit. Einen anderen Rat kann dir der arme Ramdas nicht geben."[1]

Rukmabai wandte sich an Siddhurudha mit der Bitte, ihr Anliegen zu unterstützen. Dieser bewog Ramas, mit den beiden nach Mangalore zu fahren. Ramdas gehorchte, und sie fuhren mit der Bahn und dann mit dem Dampfschiff dorthin. Als sie in Mangalore an Land gingen, begab er sich jedoch nicht mit Rukmabai in die Stadt, sondern zum nahegelegenen Kadri-Hügel. Am nächsten Tag besuchte er seinen Bruder Sitaramrao und traf seinen Vater. Danach zog er sich in die Panch-Pandav Höhle auf dem Kadri-Hügel zurück, wo er drei Monate blieb, meditierte, Gebete und anderes schrieb.

Eines seiner Gebete lautet:

„O Ram, Du bist überall,
o Ramdas, Du bist nirgends.
O Ram, Dein Wille geschieht jederzeit,
o Ramdas, Du hast keinen Willen.
O Ram, Du bist die einzige Wirklichkeit,
o Ramdas, du bist nichts.
O Ram, oh unendliche Liebe, lass Ramdas
sich ganz in Dich verlieren!"[2]

Ramdas erfuhr in dieser Zeit *Nirvikalpa Samadhi*, das Aufgehen im Selbst. Später erfuhr er diesen Zustand dauerhaft und

---

[1] Ramdas: Search, S. 129
[2] Ramdas: Auf der Suche, S. 84

trat in *Sahaja Samadhi* ein, dem ununterbrochenen Gewahrsein des Selbst bei vollem Bewusstsein der Welt.

Als er sich erneut auf Wanderschaft begab, pilgerte er „mit der Schau Gottes" (In the Vision of God), wie auch sein zweiter Buchtitel lautet.

In der Panch-Pandav-Höhle

Die Panch-Pandav-Höhlen bei Mangalore,
Wikimedia Commons, Foto: Adityamadhava83, 2011

In seinem Buch „Mit der Schau Gottes" beschreibt Ramdas das Erreichen des *Jivanmukta*-Zustands während seines Aufenthalts in der Panch-Pandav-Höhle, wo er sich für spirituelle Übungen niedergelassen hatte, und sein Leben in den nächsten neun Jahren. Die Pandav-Höhlen, die sich zwei Meilen von der Stadt Mangalore entfernt auf dem Kadri-Hügel befinden, dienten ursprünglich buddhistischen Mönchen als Unterkunft. Der Legende nach wird erzählt, dass die fünf *Pandavas* im Mahabharata hier während ihres Exils wohnten.

Ramdas wählte sich die größte Höhle aus und blieb fast drei Monate lang dort. Tagsüber kamen viele Besucher aus allen Kasten und Religionen (Hindus, Moslems und Christen) zu ihm. Er erzählte ihnen dann von den Erlebnissen seiner Wanderschaft während seiner einjährigen Abwesenheit und sprach mit ihnen über Ram.

Er berichtet: „Er diskutierte mit den Hindus über das eine, höchste *Brahman* als die einzige Ursache von Schöpfung, Erhaltung und Zerstörung. Diese große Wirklichkeit hat sich in Indien und anderen Teilen der Welt in verschiedenen Zeitaltern inkarniert, um das Böse zu unterwerfen und die Herrschaft von Liebe und Rechtschaffenheit zu errichten. Rama, *Krishna*, Buddha, die großen *Rishis*, *Mahatmas* und Heiligen weisen auf das eine Ziel als das höchste Ziel des Lebens hin, nämlich die Befreiung und Vereinigung mit Gott. Das menschliche Leben ist einzig und allein dazu bestimmt, diesen gesegneten Zustand zu erlangen. Der höchste Herr wohnt in den Herzen aller Wesen und Kreaturen. Er ist absolute Existenz, Bewusstsein und Glückseligkeit – *Satchidananda*. Du kannst Ihn durch zielgerichtete Verehrung und vollständige Selbsthingabe verwirklichen. Der erste Schritt auf dem Weg zu diesem Ziel ist Reinheit und Geisteskontrolle, die durch Konzentration erlangt wird.

Eine einfache Methode zur Konzentration ist die ständige Wiederholung des göttlichen Namens und die Ausführung aller Handlungen als Opfer für den Herrn. Du kannst Gott mit jedem Namen anrufen: Rama, *Krishna*, *Shiva* oder jedem anderen Namen, der dir lieb und teuer ist. Der Name selbst ist *Brahman*. Die Wiederholung des Namens in Verbindung mit der Meditation über die Eigenschaften Gottes reinigt den Geist. Gebete, Hymnen und Fasten sind notwendige Hilfsmittel. Du musst die göttlichen Eigenschaften von Mitgefühl, Frieden und Vergebung entwickeln. Gott offenbart sich in dem Herzen, in dem diese veredelnden Tugenden wohnen. Nun löst das göttliche Licht, das in dir leuchtet, den Ego-Sinn auf, und deine Identität mit der Gottheit wird verwirklicht. Diese Erfahrung gewährt dir das Wissen um die Unsterblichkeit.

Danach verweilst du in einem göttlichen Bewusstsein, und deine Sichtweise wird universell und bringt dir höchsten Frieden und Ekstase. Nun siehst du das ganze Universum als den Ausdruck Gottes, den du in dir entdeckt hast. Gott ist für dich überall, in jedem und allem. Diese transzendente Sichtweise erschließt die unendliche Quelle der Liebe in deinem Herzen – eine Liebe, die den gesamten Kosmos erfüllt und umarmt. Alle Unterscheidungen verschwinden in der Gleichheit dieser Sichtweise. Dieser höchste Zustand der Glückseligkeit schenkt dir Befreiung und unsterbliche Freude. Glaube, dass Inkarnationen oder göttliche Lehrer wie Jesus Christus, Mohammed, Zarathustra und andere ebenfalls Manifestationen der gleichen großen Wahrheit sind. Wahrlich, all die verschiedenen Religionen sind so viele Wege, die die Menschheit zu dem einen, universellen Gott führen.

Zu den Muslimen sprach Ramdas von Allah und Mohammed. Allah bedeutet der Allmächtige. Der Islam bedeutet der Weg zum Frieden. Gott ist in der Tat alle Macht und aller Friede. Der Prophet Mohammed hat den Islam unter den kriegerischen und unwissenden Stämmen Arabiens verbreitet, um in ihnen den Geist des Friedens, der Liebe und der Brüderlichkeit zu wecken. Er lehrte den Weg zu Allah, dem Allmächtigen. Wie soll man Ihn erreichen? Er sagt: ‚Überlasst euren Willen Allahs Willen. Habt volles Vertrauen an Seine Allmacht und begreift, dass alles nach Seinem Willen geschieht.‘ Die Selbsthingabe ist der von Mohammed aufgezeigte Weg. Er betonte, dass Hingabe nur durch vollkommene Selbstbeherrschung durch Gebet und Fasten möglich ist. Er fordert seine Anhänger auf, mindestens fünfmal am Tag *Namaz* oder Gebete zu sprechen. Diese Gemeinschaft würde sie in ständiger Erinnerung an Gott halten und eine starke Grundlage für ein Leben in Reinheit und Frieden bilden. Voraussetzung dafür ist, dass sie Liebe, Mitgefühl und Freundlichkeit gegenüber allen Mitmenschen praktizieren. Er vertrat die Ansicht, dass sie Toleranz gegenüber anderen Glaubensrichtungen üben sollten, die die strebenden Seelen ebenfalls zu Gott führen. Sein Diktum lautet im Grunde: Es sollte keinen Zwang in der Religion geben. Er legte besonderen Wert auf Nächstenliebe, Aufrichtigkeit, Ehrlichkeit und Mitgefühl. Er predigte, dass Einheit, die aus Selbstaufopferung und gegenseitiger Liebe entsteht, die Einheit und Allmacht Gottes erkennen lässt. Die Einheit unter den Menschen zu verwirklichen, bedeutet, in dem einen Gott zu wohnen – im Haus der ewigen Macht und des Friedens – und ewiges Leben zu erlangen.

Zu den Christen sagte Ramdas: An Christus zu glauben bedeutet, ihn als euer Ideal zu akzeptieren. Dein einziges Ziel sollte sein, das Christus-Ideal zu erreichen und seinem reinen und selbstlosen Leben gerecht zu werden. Lass den Gedanken an das Christus-Ideal von deiner Seele Besitz ergreifen und dein Leben und seine Aktivitäten inspirieren. Christus ist eine Verkörperung der göttlichen Liebe. Er definiert Gott als Liebe, und er ist gekommen, um diese Wahrheit in seinem Leben zu beweisen. Was ist das Wesen der Liebe, die er verkündet? Sie ist eine Mischung aus Sanftmut, Reinheit und Barmherzigkeit. Selig ist, wer vom Duft der Liebe erfüllt ist, denn dann ist er ein wahres und angenommenes Kind Gottes – die Liebe Gottes ist in ihm offenbar geworden. Er ermahnt: Liebt einander, und Gott wohnt in euch. Es ist diese höchste Liebe, die euch in das Bild Gottes verwandelt. Diese höchste Liebe ermöglicht es euch, in das Reich der ewigen Glückseligkeit einzugehen. Das Himmelreich ist nichts anderes als ein glückseliges Bewusstsein, das aus dem ewigen Leben geboren wird. Christus offenbart das Geheimnis dieses Reiches, wenn er sagt: ‚Das Himmelreich ist in euch.' Der Vater und der Sohn sind eins. Die Identifikation mit dem Sohn ist die Identifikation mit dem Vater. Der Vater ist der ewige Friede, der sich im Sohn manifestiert – die unendliche Liebe. Dein Leben sollte also von Christus beherrscht werden, der Liebe ist. Dann führt er dich in das Reich des Vaters, den absoluten Frieden. Denke nicht, dass Christus der einzige Weg zur Erlösung ist. Große Seelen haben schon lange vor Christus die Fackel der göttlichen Erkenntnis hochgehalten, um die Welt zu erleuchten. Christus hielt Demut für die höchste Tugend, Liebe und Mitgefühl für alle gleichermaßen für das Kriterium des Verhaltens und Ergebenheit in den Willen Gottes für das Mittel zur Erlangung des Himmelreichs oder des ewigen Lebens und Friedens.

Ramdas gehört keinem bestimmten Glaubensbekenntnis an. Er ist der festen Überzeugung, dass alle Glaubensbekenntnisse, Glaubensrichtungen und Religionen verschiedene Wege sind, die letztlich zum selben Ziel führen. Schon der Anblick eines Muslims erinnert ihn an Mohammed, eines Christen an Jesus Christus, eines Hindus an Rama, *Krishna* oder *Shiva*, eines Buddhisten an Buddha, eines Parsen an Zoroaster. All die großen Lehrer der Welt stammen von einem Gott – der ersten ewigen Ursache aller Existenz. Ob in der Gita, der Bibel, dem Koran oder dem Zend Avesta, wir finden dieselbe Note, die eindringlich erklingt, nämlich, dass die Selbsthingabe der höchste Weg zur Befreiung oder Erlösung ist."[1]

Ramdas stand um drei Uhr morgens auf, nahm sein Bad in einem Wasserspeicher und ernährte sich zweimal täglich von Milch und Bananen. Neben seiner Meditation schrieb er hier seine erste Autobiografie „Auf der Suche nach Gott".

Rukmabai hatte sich auf der Dampffahr nach Hause Fieber eingehandelt. Solange sie krank war, besuchte er sie alle zwei bis drei Tage.

Einmal kam ein vierzehnjähriger Junge zu Ramdas in die Höhle. Er wollte bei Ramdas bleiben, um wie er den Namen Rams zu wiederholen, und nicht mehr zur Schule gehen. Ramdas beschwichtige ihn, erklärte, dass seine Eltern sich sorgen würden und er auch Zuhause Rams Namen wiederholen könne.

Dies geschah auch in einem weiteren Fall. Diesmal ließ sich der junge Mann jedoch nicht belehren, trieb sich tagsüber in der Gegend herum und übernachtete bei Ramdas in der Höhle. Schließlich kamen seine Freunde, um ihn nach Hause zu holen.

Er schreibt über seine innere Entwicklung: „Zwei Jahre nachdem die bedeutende Veränderung über ihn gekommen war, war Ramdas bereit, in die tiefsten Tiefen seines Wesens einzudringen, um den unveränderlichen, ruhigen und ewigen Geist Gottes zu erkennen. Dabei musste er Name, Form, Gedanke und Wille – jedes Gefühl des Herzens und jede Fähigkeit des Verstandes – transzendieren. Die Welt erschien ihm damals als ein schemenhafter Schatten – ein träumerisches Nichts. Die Vision war damals hauptsächlich innerlich. Sie galt nur der Herrlichkeit des *Atman* in Seiner ursprünglichen Reinheit, Seinem Frieden und Seiner Freude als ein alldurchdringender, immanenter, statischer, unsterblicher und leuchtender Geist.

---

[1] Ramdas: Vision, S. 15 f.

In den früheren Stadien ging diese Sichtweise gelegentlich verloren und zog ihn in das alte Leben der Vielfalt mit seinem Aufruhr von Sympathie und Abneigung, Freude und Kummer zurück. Aber er wurde wieder in die Stille und Ruhe des Geistes hineingezogen. Bald war ein Stadium erreicht, in dem dieses Verweilen im Geist zu einer ständigen und unveränderlichen Erfahrung wurde, von der er nicht mehr abfiel. Dann trat ein noch erhabenerer Zustand ein. Seine bis dahin innere Vision projizierte sich nach außen. Zunächst blendete ihn immer wieder ein Blick dieser neuen Sichtweise. Dies war das Wirken der göttlichen Liebe. Er hatte das Gefühl, als ob sich seine Seele wie beim Aufblühen einer Blume ausgeweitet hatte und gleichsam wie ein Blitz das ganze Universum umgab und alles in einem subtilen Heiligenschein aus Liebe und Licht umfasste. Diese Erfahrung schenkte ihm eine unendlich größere Glückseligkeit als der vorherige Zustand. Nun begann Ramdas auszurufen: ‚Ram ist alles! Er ist jeder und alles!‘ Dieser Zustand dauerte einige Monate und verschwand wieder. Wenn er nachließ, rannte er instinktiv in die Einsamkeit. Wenn er vorhanden war, mischte er sich frei in die Welt und predigte die Herrlichkeit der göttlichen Liebe und Glückseligkeit.

Mit dieser nach außen gerichteten Schau begann Ramdas' Mission. Ihre Fülle und Großartigkeit wurde ihm während seines Aufenthalts in der Kadri-Höhle offenbart, und hier wurde die Erfahrung nachhaltiger und kontinuierlicher. Die Schau Gottes leuchtete in seinen Augen, und er sah in allen Dingen nur noch Ihn. Nun stieg Welle um Welle der Freude in ihm auf. Er erkannte, dass er ein Bewusstsein voller Glanz, Macht und Glückseligkeit erlangt hatte."[1]

Ramdas schwelgte nicht nur in seiner neuen Erfahrung, sondern sie bewirkte seine aktive Hinwendung zu den Geschöpfen. So kümmerte er sich in dieser Zeit um einige Aussätzige. Er

---

[1] ders., S. 20

hatte sie auf dem Maidan in Mangalore beobachtet. „Einer der Aussätzigen, dessen Krankheit schon weit fortgeschritten war, wurde jeden Tag von einem kleinen, stämmigen Jungen in einem Handkarren von Tür zu Tür gefahren, um Almosen zu erhalten. Das Gesicht dieses Leprakranken war durch die Krankheit so stark entstellt, dass seine Gesichtszüge nicht mehr zu erkennen waren. Sein ganzes Gesicht war eine einzige große Wunde – rot und eitrig. Seine Augenlider, Nase und Lippen waren von der Krankheit zerfressen.

Im Auftrag des Herrn verpflichtete sich Ramdas, diese Aussätzigen mittags zu speisen. Er sammelte täglich in drei Häusern Essen und ging dann zum Maidan, den er gegen ein Uhr nachmittags erreichte, und gab ihnen zu essen. Der Aussätzige, der den schlimmsten Aussatz hatte, wurde zuerst bedient. Da auch seine Zehen und Finger der Lepra zum Opfer gefallen waren, konnte er das Essen nur mit großer Mühe zum Mund führen. Während er aß, war Ramdas damit beschäftigt, die Fliegen zu vertreiben, die sich auf seinem Gesicht niederließen, das er zu anderen Zeiten mit einem Stück Stoff bedeckte. Ramdas musste auch den Eiter, der ihm über die Wangen in den Mund lief, wegwischen. Das restliche Essen wurde dann an den Jungen und andere Aussätzige verteilt.

Der Herr übertrug ihm diesen Dienst für etwa zwei Monate. Die ganze Zeit über empfand er keine Müdigkeit, Abscheu oder Widerwillen und erfüllte die Aufgabe mit Begeisterung, die von einer zweckfreien Ekstase durchdrungen war."[1]

Schließlich gab Ramdas sein Leben in der Höhle auf und begab sich wieder auf Wanderschaft.

---

[1] ders., S. 17 f.

Erneute Wanderschaft

Ein Mann namens Umanathrao kam mit seiner Frau zu ihm in die Höhle und nahm ihn nach Kudapur mit, wo er wohnte. Sie reisten mit dem Bus. Ramdas blieb eine Zeit lang bei ihnen.

Nach zwei Wochen brach Ramdas nach Mangalore auf. Anandrao, ein weiterer Bruder von ihm, wollte ihn unbedingt nach Kasaragod in der Nähe von Mangalore mitnehmen, wo er lebte. Dort wohnte Ramdas in einem Zimmer in einer Pilgerherberge, das mit vielen Dingen ausgestattet war. Bald stellten sich Besucher ein, darunter viele Schuljungen. Abends war er oft bei *Kirtan*-Gruppen, die fromme Lieder der berühmten Dichter sangen, besonders von Kabir und Tukaram. Am Nachmittag las er das Ramayana von Tulsidas und erzählte seinen Besuchern die Geschichten.

Ramdas berichtete auf seine humorvolle Art von folgendem Vorfall: „An einem regnerischen Tag gegen zehn Uhr abends betrat eine seltsam aussehende Person sein Zimmer. Der Mann war in Lumpen gekleidet, und sein Haar war zerzaust. Er trug ein kleines Bündel an einem groben Palmstock bei sich und sah aus, als sei er verrückt. Er kam herein und setzte sich neben Ramdas.

‚Darf ich mich heute Nacht hier ausruhen?', fragte er in einem seltsamen Singsang. Ramdas antwortete, er sei herzlich willkommen.

Er setzte sich auf die Matte und öffnete sein Bündel, das ein bizarres Sortiment an kleinen Stofffetzen in verschiedenen Farben enthielt. Er nahm die Fetzen heraus und verstreute sie auf dem Boden. Dann warf er einen Blick auf Ramdas und lachte fröhlich.

Ramdas dachte bei sich: ‚Oh Herr, Du kommst in wunderbarer Verkleidung.'

Nach einer Weile sammelte der seltsame Besucher die Fetzen wieder ein und legte sie in das Bündel zurück. Dann sang er ein populäres kanaresisches Lied, das lautete: ‚Du bist der immer reine, allbarmherzige und geheimnisvolle Govinda (*Krishna*).' Er sang diese Strophe in seiner eigenen, besonders leidenschaftlichen und beeindruckenden Art. Plötzlich hörte er zu singen auf, schaute direkt in Ramdas' Gesicht und sagte: ‚Sieh, meine Kleider sind alt und abgenutzt. Würdest du dich nicht von einem deiner Gewänder trennen und es mir geben?' und deutete auf das Gewand, das Ramdas trug. Ramdas entledigte sich sofort des Gewandes und übergab es ihm. Der Besucher faltete es sorgfältig zusammen und legte es neben sich.

Mit gebieterischer Stimme sprach er weiter: ‚Jetzt wollen wir schlafen. Dimme das Licht. Aber lösche es nicht.' Gehorsam führte Ramdas aus, worum er ihn gebeten hatte. Der Besucher legte sich hin und gab vor, zu schlafen. Ramdas tat es ihm gleich. Fünf Minuten waren noch nicht verstrichen, als er sich aufsetzte und Ramdas aufforderte, sich ebenfalls aufzusetzen. Ramdas fügte sich. Das Licht wurde aufgedreht.

‚Ich muss noch etwas mehr verlangen', sagte er.

Ramdas erwiderte: ‚Alles in diesem Raum ist Rams Eigentum, und da du Er bist, hast du ein Recht darauf. Du kannst frei fragen und es dir nehmen.'

Inzwischen hatte Ramdas sein Ersatzgewand angezogen. ‚Ich brauche auch das Gewand, das du gerade angezogen hast', sagte er und streckte seine Hand danach aus. Ohne ein Wort überließ Ramdas ihm das zweite Gewand.

Einige Minuten vergingen, dann sagte er: ‚Ich brauche einen Wassertopf. Wenn du nichts dagegen hast, kannst du mir den dort drüben geben', und zeigte auf das Gefäß in der Ecke des Raumes. Ramdas leerte das Wasser aus dem Topf und reichte ihn ihm. Wie von ihm gewünscht, band Ramdas die Dinge zu einem Bündel zusammen. Dann verlangte er die Matte, das

Hirschfell, die Laterne, den Regenschirm, das Ersatz-Lendentuch, eines nach dem anderen in fast regelmäßigen Abständen.

Ramdas spürte, dass Gott ihn prüfen wollte, ob er noch einen Sinn für Besitz hatte. Sein hingebungsvolles Leben erlaubte keine Anhaftung an die Dinge der Welt. Wann immer er die Dinge an diesen fremden Freund verschenkte, tat er dies in einem Geist von beglückender Spontaneität. Mit aufsteigender Rührung wandte er sich an den Besucher: ‚Oh Herr, Deine Prüfungen sind wunderbar. Alles gehört Dir und Dir allein.‘ Daraufhin brach der Besucher in sein übliches lässiges Lachen aus. Er verlangte auch ein paar religiöse Bücher, die im Zimmer lagen. Alle Gegenstände waren nun in einem Tuch verschnürt und bildeten ein ziemlich großes Bündel.

Später sagte er warnend: ‚Sieh her, du hast mir viele wertvolle Gegenstände gegeben. Es ist möglich, dass du deine Torheit bereuen könntest, wenn ich mit ihnen weg bin. Was sagst du dazu?‘

‚Nein, überhaupt nicht‘, antwortete Ramdas schnell, „denn du nimmst deine eigenen Sachen mit. Ramdas hat keinen Grund zum Bereuen.“

‚Nun denn‘, sagte er, ‚gib mir das Brett an der Wand.‘ Auch es vergrößerte noch das Bündel.

Der Raum war nun fast leer. Es war Monsun, und es begann stark zu regnen. Die Nacht war fortgeschritten. Es war etwa drei Uhr morgens. Ramdas trug nur noch ein *Kaupin*.

‚Eine Sache noch‘, rief er. ‚Ich könnte auch die Brille brauchen, die du trägst.‘ Die Brille wurde ihm ordnungsgemäß ausgehändigt. Er untersuchte sie und meinte, dass sie ihm passen würde.

‚Noch etwas‘, sagte er.

‚Du kannst alles verlangen‘, antwortete Ramdas. ‚Ramdas hat sein ganzes Leben dir geweiht.‘

‚Gib mir das *Kaupin*, das du trägst', bat er ruhig. Es bestand nun kein Zweifel mehr, dass Gott selbst hier war, um ihn entscheidend zu prüfen. Ramdas löste mit perfekter Nonchalance, die aus völliger Selbsthingabe geboren war, das *Kaupin* von seinem ansonsten nackten Körper und bot es ihm an. Doch bevor Ramdas es ganz ausziehen konnte, hielt ihn der fremde Freund mit seiner Hand davon ab und sagte: ‚Nein, nein, du darfst es behalten. Ich brauche es nicht.' Dann fragte er eifrig: ‚Kannst du mir folgen?'

Ramdas verlor keine Zeit, um zu antworten: ‚Auf jeden Fall.'

‚Nicht jetzt, ein andermal', sagte er und machte sich zum Aufbruch bereit. Es regnete inzwischen in Strömen. In der einen Hand hielt er die Laterne, in der anderen den Regenschirm und den Palmstock mit dem Bündel, das er sich über die Schulter geworfen hatte. Als er auf der Treppe stand, rief er zum Abschied mit großem Nachdruck: ‚Was denkst du von mir? Ich bin nicht verrückt. Ich bin es nicht.'

‚Du bist Er, du bist Er', keuchte Ramdas – seine Kehle war vor Rührung zugeschnürt.

Der Freund stieg die Treppe hinunter und ging davon.

Ramdas kehrte in sein Zimmer zurück, und in dem Moment, als er sich auf den Boden setzte, versank er in eine tiefe Trance. Es war helllichter Tag, als er aus der Trance erwachte. Er sah eine große Menschenmenge vor seiner Tür stehen, unter ihnen auch Anandrao. Die Nachricht war ihnen von dem Diener überbracht worden, der Ramdas seine Morgenmilch und Früchte gebracht hatte. Sie nahmen an, dass ein Dieb mit den fehlenden Gegenständen aus dem Zimmer verschwunden sein musste. Sie erkundigten sich bei ihm, wie das alles passiert sei.

Ramdas antwortete nur: ‚Der Herr Ram gibt durch eine Gestalt und nimmt durch eine andere.'

Diese kurze und rätselhafte Erklärung stellte sie natürlich nicht zufrieden. Also musste er ihnen den Vorfall der vergangenen Nacht detailliert schildern. Alle lauschten der Geschichte mit atemlosem Interesse. Einer von ihnen schlug vor, den Schurken zur Strecke zu bringen und gefangen zu nehmen.

‚Was hat er denn verbrochen?‘, fragte Ramdas. ‚Er hat nur seine eigenen Sachen genommen.‘ Und er fügte hinzu: ‚Es gibt kein Gesetz auf Erden, das ihn dafür bestrafen kann. Er ist kein Schurke. Er ist der Herr selbst.‘

Ein unbezähmbares Lächeln erhellte die Gesichter aller, die ihm zuhörten. Sie schienen ihn verstanden zu haben und zerstreuten sich leise. Vor dem Mittag desselben Tages richtete Anandrao, der so gütig und liebevoll war, das Zimmer neu ein, sodass es wieder aussah, als sei nichts entfernt worden. Ein paar Tage später musste der neue Wasserkrug durch einen anderen ersetzt werden, da der zweite in den Besitz einer wandernden *Sannyasini* übergegangen war, die ihn dringend benötigte.

Anandrao versuchte, die Brille zu ersetzen, aber Ramdas lehnte mit den Worten ab: ‚Der Herr hat Ramdas die Brille geraubt, weil er sie in Zukunft vielleicht nicht mehr braucht. Sein Wille geschehe.‘ Seitdem kommt Ramdas ohne Brille aus, da seine Sehkraft vollständig wiederhergestellt wurde.“[1]

Eines Tages las Ramdas *Raja-Yoga* von Swami Vivekananda. Da erwachte in ihm der Wunsch, *Pranayama*, die yogische Atemkontrolle, zu üben, das ein Teil der Lehre des *Raja-Yoga* ist. Kurz darauf betrat ein junger *Raja-Yogi* sein Zimmer und führte ihn in die Übungen ein. Fortan übte Ramdas *Pranayama* und *Asana*. Eine große innere Ruhe überkam ihn, und der Anreiz zu lesen und sprechen verschwand, was die Besucher bald spürten. Sein Verlangen nach Stille nahm zu. Sein Bruder brachte ihn schließlich an einen ruhigen Ort bei Kudlu. Dort

---

[1] Ramdas: Vision, S. 23-26

wohnte er in einem einsam gelegenen Haus am Abhang zu einem Tal. Er vertiefte seine Atemübungen. Sein Bruder brachte ihm täglich das Essen. Die intensive Übung bewirkte, dass er seltsame Essenswünsche hatte, die sein Bruder erfüllen musste. Manchmal fastete er. Er wurde körperlich sehr schwach. Durch sein extensives *Pranayama* erfuhr er eine immer größere Stille, und sogar die Wiederholung des Mantras hörte auf. Der *Raja-Yogi*, der ihn in die Praxis eingeführt hatte, kam zu Besuch und ermutigte ihn, ermahnte ihn aber auch, ordentlich zu essen. Ramdas spürte jedoch, dass durch diese Übung allmählich die Arbeit seines Verstandes, die Erinnerung, die Emotionen und alles Mentale völlig zum Erliegen kam. Er erkannte die darin liegende Gefahr und gab das *Pranayama* nach einem Monat auf. Er übte erneut sein Ram-Mantra, wurde körperlich wieder aktiv und unternahm lange Spaziergänge.

Vögel flogen furchtlos in sein Zimmer. Auch sie betrachtete er als eine Manifestation von Ram und teilte sein Essen mit ihnen. In dieser Zeit schrieb er einige Gedichte, Lieder und Betrachtungen, die unter dem Titel „At the Feet of God" veröffentlicht wurden.

Nach einiger Zeit kehrte Ramdas nach Mangalore zurück, wo er sich in einer Pilgerherberge beim Kadri-Hügel niederließ und anschließend sechs Wochen in einer Höhle auf dem Hügel verbrachte. Anschließend begab er sich erneut auf Wanderschaft, wobei ihn ein junger Mann namens Mahadav, der das Pilgerhaus betreute, begleitete. Ramdas hatte Mahadav bereits in das Ram-Mantra eingeweiht und gab ihm jetzt den Namen Ramcharandas.

In einer mondhellen Nacht um drei Uhr morgens verließen Ramdas und Ramcharandas Mangalore und wanderten zu Fuß nach Norden in Richtung des Pilgerortes Gokarna. Ramcharandas hatte Kochutensilien und Lebensmittel dabei und kochte unterwegs. Anschließend wanderten sie weiter nach Goa. Als sie an die Grenze zu Goa kamen, wollte man sie nicht passieren lassen. Die ehemalige portugiesische Kolonialmacht war katholisch geprägt, so waren Hindu-*Sadhus* nicht willkommen.

Die Reise führte sie weiter nordwärts. Vom langen Wandern hatten sie Blasen und tiefe Schnitte an den Füßen. Als ein freundlicher Kaufmann ihre Füße sah, wurde er von Mitleid ergriffen und kaufte ihnen einen Fahrschein bis zur nächsten Station ihrer Reise. Unterwegs hatten sie viele seltsame und erfreuliche Begegnungen.

Schließlich erreichten sie Narsobawadi in Maharashtra mit dem berühmten Tempel am heiligen Fluss Krishna. Danach wanderten sie zu Fuß weiter. Sie kamen durch dorniges Gestrüpp und unwegsames Gelände. Ihre Füße waren in einem bedauernswerten Zustand. Ramcharandas schrie jedes Mal, wenn ein neuer Dorn in seine Füße stach. Ramdas wusste nur ein Heilmittel für ihn, und das war die wiederholte Anrufung Rams. Der Junge trug immer noch einen Beutel mit Kochutensilien bei sich. Ramdas schlug vor, sie wegzugeben und sich fortan ganz auf Rams Hilfe zu verlassen. Da kamen sie zur Hütte eines armen Mannes, der sie zum Mittagessen einlud. Da er nur unzureichendes Kochgeschirr besaß, schenkten sie ihm ihre Utensilien.

Sie brachen täglich sehr früh auf. In jeder Ortschaft gab es einen Tempel mit einer Pilgerherberge. Ramdas und Ramcharandas aßen nur einmal am Tag, und zwar zu Mittag. Am Abend aßen sie noch etwas Leichtes, wenn sie etwas hatten. Sie überließen es jetzt völlig Gott, sich um sie zu kümmern, und bettelten nicht. Auf die eine oder andere Weise erhielten sie tatsächlich stets zu essen.

Schließlich kamen sie nach Pandharpur, das einen berühmten Vithoba-Schrein hatte. Hier bat Ramcharandas Ramdas, ihn formal in *Sannyas*, das hinduistische Mönchsgelübde eines *Sannyasin*, einzuweihen, das Armut, Keuschheit und ein Leben auf Wanderschaft bedeutete. Ramdas war erstaunt und meinte:

„Ram, dein Vorschlag ist einfach verblüffend. Verstehe, *Sann-yas* ist keine Sache, die dir jemand aufzwingen oder in die dich jemand einweihen kann." Dann erklärte er ihm, dass nur das Anlegen des ockerfarbenen Mönchsgewands und das Scheren der Haare nichts bewirken würde und er selber entscheiden müsse, ob er sich völlig Gott hingeben wolle. Ramcharandas brachte daraufhin die Sache nicht wieder vor.

Als Ramcharandas Ramdas vorschlug, doch einige Tage zu bleiben, bis ihre Füße sich etwas erholt hatten, meinte Ramdas, er wolle weiterwandern. Ramcharandas möge sich von seiner Anhänglichkeit an ihn lösen und unabhängig werden. Doch Ramcharandas blieb bei ihm.

Wie bereits erwähnt, konnte Ramdas es nicht ertragen, zu sehen, wie ein anderer hungerte. Es bereitete ihm Herzschmerzen. Einmal aßen sie in einer Pilgerherberge zu Mittag, wobei nur sechs *Sadhus* zugelassen waren. Ein weiterer *Sadhu* ging leer aus. Ramdas verschlug es dadurch den Appetit, und er begann zu weinen, weil er ihm nicht sein eigenes Essen gegeben hatte.

Anschließend nahmen sie ihre Wanderung wieder auf. Ramdas jammerte und klagte über den Vorfall mit dem hungrigen *Sadhu*. Als Ramcharandas erneut meinte, seine Füße würden so sehr schmerzen, dass er nicht weitergehen könne, wies Ramdas ihn an, den Zug zu nehmen und alleine weiterzureisen. So trennten sie sich schließlich.

Ramdas wanderte ziellos weiter. Er kümmerte sich nicht ums Essen und aß auch nicht, wenn etwas vor ihn hingestellt wurde, da der Vorfall mit dem hungernden *Sadhu* ihn immer noch belastete. Seine Füße waren geschwollen. In dieser Verfassung kam er nach einigen Tagen in das Dorf Shethpal. Dort legte er sich im Tempel nieder. Ein Tempelbesucher zwang ihn, mit ihm nach Hause zu kommen, wo er eine Mahlzeit erhielt. Jemand kümmerte sich auch um seine Füße und zog ihm die zahlreichen Dornen aus den Fußsohlen. So wanderte Ramdas von Dorf zu Dorf.

Einmal, als er sich mitten in der Wildnis befand, überkam ihn der Wunsch zu rauchen, das Einzige, was er sich ab und zu gönnte. Er hatte keinen Tabak bei sich. Da tauchte plötzlich ein Mann auf, der eine Zigarette hinter sein Ohr geklemmt hatte. Er überließ sie Ramdas und gab ihm Feuer. Da er immer auf Abstand zu Ramdas blieb, fragte dieser ihn nach dem Grund. Da erklärte der Mann, dass er ein *Paria* sei. Ramdas umarmte ihn überschwänglich und erklärte, dass er für ihn Ram sei.

Sein Weg führte weiter nach Hubli und Bangalore. Dann kehrte er nach Mangalore zurück, wanderte nach Udupi und ließ sich in einem kleinen Tempel nieder. Hier fastete er und trank nur Wasser, bis er körperlich sehr schwach wurde.

Später verbrachte er einige Zeit bei seinem Bruder Sanjivrao in Ernakulam in Kerala, bei dem viele Bücher aus der öffentlichen Bibliothek über spirituelle Themen standen, darunter auch das fünfbändige Werk des Indologen Max Müller. Er las viel. Ramdas wanderte weiter und besuchte u.a. *Sankaras* Geburtsort Kalady in Kerala und Kasaragod. Irgendwann tauchte Ramcharandas wieder auf und begleitete ihn fortan wieder. Dann reiste er nach Bombay und Bangalore und hinauf in den Norden nach Junagadh, Limbdi, Jhansi, Chitrakut, Banda, Mount Abu und an viele weitere Orte. In Limbdi wurde er vom dortigen Raja in seinen Palast eingeladen und begegnete dort auch der Engländerin Mutter Elizabeth. Mit beiden verband ihn fortan eine tiefe Freundschaft.

Ramdas erzählt: „Abends und morgens kamen Besucher zu ihm [Ramdas], um ihn zu sehen und mit ihm zu sprechen. Sie stellten ihm Fragen zu religiösen Themen, die er auf der Grundlage seiner Erfahrungen zu erläutern versuchte. Auch hohe Regierungsbeamte, *Vakils* und Professoren bereiteten ihm die Freude ihrer Gesellschaft. In der Nachbarschaft lebten Christen, deren herumlaufende Hühner und Ziegen freien Zugang zum Haus hatten. Er fütterte sie mit Kochbananen und Körnern, die er von den Besuchern erhielt. Die Hühner legten ihre Eier tagsüber auf sein Bett, weil sie glaubten, dass sie dort sicher seien. Sie zeigten deutlich, dass sie darauf bedacht waren, die Eier zu bewahren und sie vor ihren räuberischen Herren zu schützen, die ihnen ihren Nachwuchs im Ei wegnehmen wollten. Aber die Söhne dieser Herren kamen auf der Suche nach den Eiern ins Haus und trugen sie fort.

Eines Tages vermisste eine arme Henne ihr Ei auf dem Bettzeug von Ramdas, auf das sie es gelegt hatte. Ramdas saß zu dieser Zeit draußen auf der Veranda. Er war allein. Die Henne kam direkt mit fragenden Blicken zu ihm und rief ‚Ko-Ko-Ko‘, was bedeutete: ‚Was ist aus meinem Ei geworden, das ich auf dein Bett gelegt habe?‘

‚Mutter, was kann Ramdas tun?‘ antwortete Ramdas. ‚Die Söhne deines Herrn kommen hierher und nehmen dir in deiner Abwesenheit die Eier weg.‘

Die gleiche Geschichte wiederholte sich immer wieder."[1]

In Ernakulam traf er seinen Cousin Mark Sanjivarao, der zum Christentum übergetreten war und es predigte. Ramdas war allen Religionen gegenüber aufgeschlossen. Sie reisten zusammen nach Alleppey und wohnten in einem christlichen Institut. Dort begegnete er Mathai, der ihn mit aller Gewalt zum Christentum bekehren und es ihm als die einzig wahre Religion einhämmern wollte. Ramdas meinte nur humorvoll, Gott habe seinem Schädel bereits die ihm entsprechende Form gegeben, und so könne er mit einem Hammer nicht in eine andere Form gebracht werden. Wann immer Mathai sich ihm näherte, sagte er:

---

[1] ders., S. 159

„Der Hammer kommt." Schließlich gab Mathai sein Vorhaben auf, und Ramdas meinte: „Jetzt ist der Hammer zerbrochen."[1]

Ramdas ging wieder nach Kasaragod. Als er dort ankam, erfuhr er, dass seine Tochter Rumabai in einer Woche heiratete. Er wohnte als passiver Besucher der Hochzeit bei.

---

[1] s. ders., S. 165

Im Norden

Anschließend lenkten er und Ramcharandas ihren Weg nach Norden. Sie kamen nach Rishikesh und wohnten im Swargashram, einer *Sadhu*-Kolonie außerhalb der Stadt.

Ramdas besuchte von dort aus den Vashisthashram in der Nähe von Gauhati in Assam, wo der Weise Vashistha *Tapas* geübt haben soll. Der Weg dorthin war damals unbekannt. Nach vielen Schwierigkeiten gelang es ihm schließlich, ihn zu erreichen. Der Vashisthashram bestand aus einer Haupthöhle und einigen kleineren Höhlen. In der Haupthöhle wohnte bereits ein *Sadhu*. Ramdas bewohnte eine der angrenzenden Höhlen. Er verbrachte seine Zeit wie üblich in Meditation und mit Wasserfasten.

Eines Nachts hatte er eine Vision von Christus. „Es war am fünften Tag, vielleicht nach Mitternacht. Die Nächte waren stockdunkel. Ramdas saß gewöhnlich die ganze Nacht in der Höhle. Plötzlich wurde die Höhle von einem seltsamen Licht erhellt. Ramdas sah die Gestalt eines Mannes, der vor ihm auf dem Boden saß, etwa drei oder vier Fuß von ihm entfernt. Sein Gesicht erstrahlte in einem himmlischen Glanz. Die Züge waren fein, regelmäßig und schön. Er hatte einen kurzen, schwarzen, glänzenden Bart und einen Schnurrbart. Die Lippen waren karmesinrot und enthüllten milchweiße, glänzende Zähne. Weiche, glänzende, schwarze Locken flossen über seine Schultern. Er trug ein langes, dunkles, schokoladenfarbenes Gewand oder eine Robe mit weiten, losen Ärmeln. Was Ramdas faszinierte, waren seine Augen. Sie funkelten wie Zwillingssterne. Die Strahlen, die sie aussandten, waren erfüllt von Zärtlichkeit, Liebe und Mitgefühl. Ramdas betrachtete sie bezaubert und entzückt. Es kam ihm in den Sinn: ‚Das ist Jesus Christus.‘ Ein anderer stand neben ihm, aber Ramdas' Blick galt nicht ihm, obwohl er sich seiner Anwesenheit bewusst war. Er konnte ein Jünger sein. Jetzt bewegten sich die Lippen von Christus. Er sprach. Ramdas hörte zu, konnte aber nicht verstehen, was er sagte. Die Sprache klang fremd und war ihm unbekannt. Er sprach vielleicht eine Minute lang, dann verschwand die Vision, während der Lichtschein noch einige Minuten in der Höhle blieb. Ramdas war völlig in Ekstase versunken und kam erst am helllichten Tag wieder zu Bewusstsein."[1]

Danach beendete Ramdas sein Fasten. Er wollte wieder zum Swargashram zurück, doch sein Körper war zu geschwächt. Der *Sadhu* von nebenan besorgte ihm Lebensmittel und kochte für ihn, sodass Ramdas gestärkt aufbrechen konnte.

Der Rückweg gestaltete sich schwierig. Es gab steile Abhänge zu überwinden. Dabei unterhielt er sich ausgiebig mit seiner Gottheit Ram.

Er berichtet: „Als er weiterging, kam er an einen Abhang. Hier entdeckte er am Rand einer Klippe eine Höhle. Er spähte hinein. Drinnen war es völlig dunkel. Er hatte gehört, dass solche Höhlen in der Regel ein Versteck für wilde Tiere sind. Er dachte, dass er jetzt eine Gelegenheit hatte, *Darshan* von Ram in der Gestalt eines Tigers oder Löwen zu bekommen. Er sprang in die Höhle, rief dreimal „Hari Om" und wartete das Ergebnis ab. Kein Tier kam aus der Höhle. Es war Rams Wille, dass er nicht mit wilden Tieren konfrontiert wurde. Er ging hinaus. Vor ihm gähnte ein tiefer Abgrund. Diesen musste er hinunterklettern.

‚Nun, Ram, was schlägst Du vor?', fragte Ramdas.

‚Fürchte dich nicht, Kind, steig hinab', lautete Rams kühle Antwort.

Ramdas drehte sich um und begann hinunterzukriechen. Die Spalten des rauen Felsens dienten ihm als Fuß- und Handstütze. Er stieg hinab. Ein kleiner Ausrutscher bedeutete einen Sturz

---

[1] ders., S. 180. Es gab weitere Fälle, in denen er während seiner Meditation in einer dunklen Höhle ein Licht sah.

von über zweihundert Fuß und die sichere Vernichtung des Körpers. Aber da war Rams Zusage. Die Furcht hatte Ramdas ein für alle Mal verlassen. Langsam und beständig, Schritt für Schritt, stieg er nach unten. Ramdas' Körper schien wie eine aufgeblasene Gummipuppe zu sein, so leicht und so elastisch. Die Atmung hatte automatisch aufgehört. Die unsicheren Fußstützen hatten zeitweise gewackelt, und durch den Druck des Fußes waren Gesteinsbrocken herabgefallen und hatten durch ihren Fall hallende Geräusche in der Tiefe des Tals erzeugt. Er hatte keine Ahnung, wie lange er brauchte, um den Grund der Schlucht zu erreichen. Es schien alles so kurz zu sein. Er landete schließlich sicher am Fuße des Felsens. Auch hier rief er „Hari Om", und das Echo hallte von den riesigen Hügeln ringsum wider.

Ramdas rief aus: ‚Ram, wie ruhmreich Du bist! Du hast Ramdas eine höchst wunderbare Leistung vollbringen lassen.'

Ram erwiderte: ‚Das ist noch nicht alles. Es warten noch weitere Heldentaten auf dich. Geh weiter.'

Ramdas setzte seine Wanderung im kühlen Schatten der gigantischen Bäume fort.

Ramdas: ‚Oh Ram, wie gesegnet ist Ramdas, dass er sich Deiner Gesellschaft selbst an diesem einsamen Ort bewusst ist!'

‚Mein Kind', versicherte Ramdas, ‚du wirst dir in Zukunft immer Meiner Gegenwart bei dir, in dir und überall um dich herum bewusst sein. Ich gewähre dir dieses Wissen aufgrund deines vollkommenen Einsseins mit Mir. Du und Ich sind eins.' Als Ramdas dies hörte, lachte er vor lauter Freude.

Eine halbe Meile wurde zurückgelegt. Nun kam er an den Rand eines weiteren Abhangs, der steiler war als der vorherige, aber ohne jeden Halt, um hinunterzuklettern. Es war ein glatter, flacher Felsen, der senkrecht nach unten verlief. Als er ihn sah, kicherte er und sagte: ‚Ram, jetzt hab ich Dich. Ramdas würde gerne wissen, wie Du das Problem jetzt angehen wirst.'

‚Langsam, langsam' warf Ram sofort ein. ‚Zweifellos bist du schlau, aber Ich bin schlauer, als du dir je vorstellen kannst. Schau nach rechts. Dort fällt der Boden ab, aber der Abhang ist steil und rutschig. Versuch es in diese Richtung.'

Ramdas schritt darauf zu, drehte ein paar Kapriolen, lachte und sagte: ‚Ram, Du bist ein guter Kerl, aber es geht nicht. Wie Du siehst, ist der Abhang nicht nur abrupt, sondern auch mit loser Erde bedeckt. Wenn man den Fuß daraufsetzt, rutscht man aus, und Ramdas wird dann wie eine gefaltete Matratze hinunterrollen, bis er unten ankommt. Das gefällt Dir, was?'

‚Ramdas, dein Lachen und dein Gehabe kommen zu früh', bemerkte Ram. ‚Du scheinst die Augen, die Ich dir gegeben habe, nicht zu gebrauchen. Schau gut hin. Am Hang entdeckst du in einiger Entfernung voneinander Stümpfe aus vertrocknetem Gras. Das sind Wurzeln von dickem Schilf, und da sie trocken sind, kann man sie nicht von der Erde unterscheiden, aber wenn du genau hinsiehst, wirst du sie erkennen. Sie sind stark genug, um deine Füße zu stützen. Steig ohne Verzögerung hinab.'

Ram hatte Recht. Es gab Wurzeln. Ramdas kroch also auf allen Vieren hinunter, wobei er die getrockneten Grashalme nacheinander als Fußstützen benutzte, bis er fast das Ende des Abhangs erreicht hatte, hinter dem sich wiederum ein steiler Abgrund befand und das Gefälle nicht mehr kontinuierlich war. Die Lage, in der er sich nun befand, war äußerst gefährlich. Er war etwa zwei Meter vom äußersten Rand des Abhangs entfernt, und einen Meter weiter unten war nur noch das schwache Anzeichen eines Stumpfes zu sehen, der nicht mehr als eine Zehe tragen konnte. Als er hier stehen blieb, fragte Ramdas: ‚Ram, was nun?'

Ram war immer bereit mit Seinen Hinweisen. Er meldete sich zu Wort: ‚Sieh mal, Kind, dort ist ein Zweig, der am Rand des Abhangs aus der Tiefe emporragt. Er ist über einen Zentimeter dick. Erreiche ihn mit den Füßen, indem du mit Hilfe der kleinen Graswurzel einen Meter hinuntersteigst. Danach wirst du wissen, was du als nächstes tun musst.'

Ramdas befolgte Rams Anweisungen und klemmte den Zweig wie ein Affe zwischen den großen Zeh und den anderen Zehen seines linken Fußes. Sicherlich erinnerte sich Ramdas hier an *Hanuman*, den großen Verehrer von Sri Ramachandra. Der Körper wurde von Ramdas als leicht wie eine Feder empfunden. Mit einem Fuß auf dem Zweig balancierend ließ er den anderen von der Graswurzel los. Einige Sekunden lang balancierte sein ganzer Körper auf einem Fuß. Ramdas machte sich nun klein und hielt sich mit beiden Händen an dem Zweig fest. Die ganze Zeit schwankte der schlanke Zweig höchst bedrohlich hin und her. Jetzt blickte er nach unten. Die Tiefe unter ihm war gewaltig, aber hurra! Ram, Du bist ein Wundertäter! Der Zweig, auf dem Ramdas verweilte, gehörte zu einem hohen Baum, der am Fuß des Abgrunds stand. Er stieg langsam hinab und kam allmählich auf die kräftigeren Äste des Baumes. Jetzt wurde der Abstieg leicht. Der Baum war ein wahrer Riese des Waldes, der so hoch war, wie Ramdas es noch nie zuvor gesehen hatte. Endlich erreichte er den Boden. Jetzt lachte Ram auf Ramdas' Kosten. Ramdas war stumm. Jedes Mal wurde er geschlagen, und Ram hatte die Oberhand.

Wieder erblickte Ramdas eine Höhle, in die er eintrat und laut ‚Hari Om' rief, aber er erhielt keine Antwort. Von nun an musste er so manchen Abhang überwinden, aber das war kein Problem. Er rannte nun mit voller Geschwindigkeit, hüpfte und tanzte auf den Felsen. Plötzlich fand er sich am Ufer des Ganges wieder. Hier musste er ein kleines Kunststück am Abbruch eines in den Fluss hineinragenden Felsens vollbringen. Auf der Sandbank eilte er weiter, bis er Phulchetty erreichte."[1]

Ramdas wollte die anstehende *Kumbhamela* im nahem Haridwar erleben und verbrachte die Zeit bis dahin im Swar-

---

[1] ders., S. 185-187

gashram. Er wohnte mit einem *Sadhu* zusammen in einer *Kuti* genannten Hütte.

Er berichtet: „Wegen des *Kumbhamela* und der bevorstehenden Pilgerfahrt nach Badrinath und Kedarnath gab es einen ungewöhnlichen Ansturm von Pilgern vor der festgelegten Zeit. Sie wanderten in den Swargashram, um den *Darshan* der *Sadhus*, die in den *Kutis* wohnten, zu haben. Sie machten den *Sadhus* Geschenke aus Esswaren, Kleidung und Geld. Die frommen Pilger warfen ihre Geschenke in den Raum, bevor sie das *Kuti* nach dem *Darshan* verließen. Meistens warfen sie Münzen hinein. Jeden Tag kamen zehn bis zwölf *Annas* zusammen. Der *Sadhu* hatte ein *Jholi* oder einen Beutel, in dem er die Münzen aufbewahrte. Mit dem Geld lief er zu dem kleinen Basar außerhalb des Ashrams und besorgte Milch, Tee, Zucker und Esswaren. Er kochte zweimal am Tag Tee aus den Erträgen der Almosen. Ramdas stellte fest, dass das Leben des *Sadhus* von morgens bis abends aus einem ständigen Holen und Zubereiten von Tee bestand.

Als die Tage vergingen, begannen die Münzen wie ein Schauer hereinzuregnen. Manchmal waren auch Silbermünzen darunter. Jeden Tag gab es einen Überschuss an Münzen nach den Ausgaben. Das *Jholi* wurde von Tag zu Tag schwerer, und der *Sadhu* wurde überaktiv wie eine Katze mit einem verbrannten Schwanz! Ramdas wollte dem ein Ende bereiten und führte mit dem *Sadhu* ein offenes Gespräch über das Thema Geld.

,Sadhuji, Gott hat uns eine Unterkunft im *Kuti* gegeben und ernährt uns mit einer Mahlzeit am Tag. Er will, dass wir unsere ganze Zeit Seinem Gedenken widmen. Was tun wir nun? Tee, Essen und Mahlzeit sind die einzigen Dinge in unserem Leben geworden. Wie du weißt, haben *Sadhus* nichts mit Geld zu tun. In dem Moment, in dem du überschüssiges Geld hast, nachdem deine leiblichen Bedürfnisse befriedigt sind, denkst du darüber nach, wie du es ausgeben sollst. Du läufst auf den Basar für Dinge, auf die man verzichten kann, und gerätst in einen

Strudel von täuschender Aktivität. Deshalb werden wir in Zukunft keine Münzen mehr von den Besuchern annehmen. Wir werden sie bitten, uns keine anzubieten. Lass uns sehen, wie viel wir bereits gesammelt haben.'

Der *Sadhu* lehnte sich zunächst gegen den Vorschlag auf, gab aber schließlich nach, als Ramdas ihn aufforderte, zwischen ihm und dem Geld zu wählen. Er nahm den Beutel vom Haken an der Wand und schüttete seinen Inhalt aus. Es waren etwa fünf Rupien, größtenteils in Kupfermünzen. Der *Sadhu* war für den Moment von dem überzeugt, was Ramdas ihm über die Geldfrage gesagt hatte.

‚Was sollen wir mit dem Geld tun? Sollen wir es einem anderen *Sadhu* geben?', fragte er.

‚Wie kannst du etwas einem anderen *Sadhu* geben, wenn du es für dich selbst als schlecht empfindest?', meinte Ramdas.

‚Was soll man dann tun?', fragte er.

Ramdas sagte: ‚Die einzige Möglichkeit ist, das Geld wegzuwerfen und die Sache damit zu beenden.'

Bei diesem Vorschlag riss der *Sadhu* seine Augen weit auf und sah Ramdas überrascht an.

‚Komm mit, hol die Münzen', sagte Ramdas und ging hinaus. Der *Sadhu* gehorchte blindlings. Ramdas führte den *Sadhu*, der beide Hände voller Münzen hatte, zu einem Dornbusch, der völlig unzugänglich war. ‚Jetzt wirf die Münzen in den Busch', riet Ramdas. Mit einem Wurf flogen die Münzen in das dichte Gebüsch und verschwanden. Nun kehrten sie zum *Kuti* zurück. Dies geschah am Abend.

Am nächsten Tag waren die Pilger wieder auf ihrer unermüdlichen Suche nach *Sadhus* und kamen in größerer Zahl als zuvor. Sie wurden sowohl von Ramdas als auch vom *Sadhu* gebeten, keine Geldgeschenke zu machen, aber sie warfen trotzdem Münzen auf den Boden des Raumes am Eingang, wie es ihre

Gewohnheit war. Diesmal kullerten nicht nur Kupfermünzen, sondern auch silberne Rupien herein. Am Abend stellten sie fest, dass die Summe mehrere Rupien betrug. Ramdas gab es auf – es war Rams Wille – und schwieg über die Angelegenheit. Der *Sadhu* verhielt sich kühl, als ob in der Geldangelegenheit nichts geschehen wäre, bereitete Tee zu und lagerte die aus dem Geld erstandenen Vorräte."[1]

„Der Haupttag des *Kumbhamela* rückte näher. Es sollte am nächsten Tag stattfinden. Der *Sadhu* schien den großen Wunsch zu haben, am nächsten Tag in Haridwar bei dem großen Ereignis dabei zu sein. Er bat Ramdas, ihn zu begleiten. Auch Ramdas wollte den Spaß miterleben. Dass sie auf dem Fest viel Spaß hatten, geht aus dem Folgenden hervor.

Sie brachen am Nachmittag auf. Ein anderer alter *Sadhu*, der ein ständiger Bewohner des Swargashram war, schloss sich ihnen an. Sie machten in Sat Narayan Chutty, sieben Meilen vom Swargashram entfernt, Halt für die Nacht. Am nächsten Tag, wanderten sie nach der *Bhiksha* nach Haridwar, wo sie gegen fünf Uhr abends ankamen. Die beiden Ufer des Ganges in Haridwar waren von einer brodelnden Menschenmasse belagert. Kilometerweit war jeder Winkel und jede Ecke von Pilgern und *Sadhus* besetzt. Es war eine gewaltige Versammlung.

Die *Sadhus* zwängten sich zwischen zwei Pilgergruppen zum gegenüberliegenden Ufer des Flusses hindurch. Die *Muhurta* oder glückverheißende Stunde für ein Bad im Brahmakund war vier Stunden nach Mitternacht. Der Glaube besagt, dass diejenigen, die zu dieser Stunde im Brahmakund baden, Unsterblichkeit erlangen. Ramdas schätzte diese billige Methode, Unsterblichkeit zu erlangen, nicht und glaubte auch nicht daran. Gott hatte ihm diesen höchsten Segen bereits gewährt, indem Er ihn durch den notwendigen Kampf und das *Sadhana* gehen ließ. Er war dort, um Zeuge der prächtigen *Mela* von Hundert-

---

[1] ders., S. 189 f.

tausenden von Menschen zu werden. Allein der Anblick der riesigen Menschenmassen versetzte ihn in Ekstase.

Bis Mitternacht lagerte die Menschenmasse ruhig am Ufer des Flusses. Jetzt setzte eine Bewegung ein, die den riesigen Wellen im Ozean glich. Tausende von Pilgern eilten zum begehrten Brahmakund. Die beiden *Sadhus* und Ramdas mussten sich dem Haufen anschließen. Um zu verhindern, dass sie voneinander getrennt wurden, hatten die *Sadhus* ihre Hände ineinander verschränkt. Die Menge konnte sich nur sehr langsam bewegen. Manchmal brauchte sie mehr als fünf Minuten, um einen Meter vorwärtszukommen. Hunderte von Polizisten waren im Einsatz, um die Ordnung aufrechtzuerhalten und Unfälle zu verhindern. An einigen Stellen blieb die Menschenmasse über eine halbe Stunde stehen. Ein Weiterkommen war nicht möglich, da eine dichte Menschenmenge aus der entgegengesetzten Richtung kam. Von hinten drängten Tausende von Menschen. Sie wurden zerquetscht und ausgepresst wie Zuckerrohr in der Entsaftungsmaschine. Die *Sadhus* brüllten. Der alte *Sadhu*, der neu zu ihnen gestoßen war, erschrak zu Tode. ‚Ich will kein Bad im Kund oder so etwas Gesegnetes', rief er aus. „Ich wünschte, ich käme aus diesem unerträglichen Zustand mit heilen Knochen und heiler Haut heraus.' Aber es gab kein Entkommen. Sie hatten sich auf diese Erfahrung eingelassen und mussten sie unfreiwillig durchstehen.

Endlich erreichten sie einen freien Platz an einer breiten Straße, wo eine Reihe von Polizisten mit Hilfe ihrer langen Latten, die als Zaun dienten, zwei anstürmende Menschenmengen aus entgegengesetzten Richtungen der Straße in Schach hielten. Die *Sadhus* kauerten in der Nähe eines Süßwarenladens am Straßenrand. Es verging kaum ein Augenblick, als der Lattenzaun aufgrund des enormen Drucks der Menge in eine Richtung nachgab. Es entstand ein Tumult. Schreie, Gebrüll, Getrampel und Flüche erschütterten die Luft. Der alte *Sadhu*, der sich in der Nähe von Ramdas befand und sich verloren gab, stieß einen durchdringenden Schrei aus.

Ramdas lehnte an der Wand des Ladens und fand zwei Männer auf seinen Knien, zwei auf seinen Schultern und einen an seinem Hals, der sich unter dem Gewicht nach unten beugte. Während dieses wunderbaren Erlebnisses war er vollkommen ruhig und gefasst. Zu diesem Zeitpunkt, so erinnert er sich, hatte er völlig aufgehört zu atmen. Er trug den schweren menschlichen Körper mit Leichtigkeit. Wäre er hingefallen, wäre er zu Brei zertrampelt worden, aber Gottes schützende Hand lag immer auf ihm.

Die angespannte Situation währte nur wenige Minuten. Die Polizei bekam die Menschenmenge wieder in den Griff, und der Platz wurde geräumt. Ramdas wurde von seiner Last befreit, und auch der alte *Sadhu*.

Bis zum Abend des nächsten Tages wurden sie von der tobenden Menge und der Polizei hin- und hergetrieben und konnten sich nicht aus dem riesigen, verwickelten Menschenknäuel befreien. Doch nachdem die Sonne untergegangen war, fanden sie einen Ausweg und machten sich so schnell sie nur konnten auf nach Rishikesh."[1]

Ramdas wohnte wieder im Swargashram. Hinter dem Ashram erhob sich ein Berg mit dem Schrein von Nilkanta. Mit Ramcharandas, der sich ihm wieder beigesellt hatte, kletterte er hinauf. Oben gab es eine Höhle, die sie längere Zeit bewohnten. Es stellten sich Besucher ein, die ihnen Lebensmittel brachten.

Unter den *Sadhus* war der *Ganja-* (Cannabis-)Konsum weit verbreitet. Einmal schenkte ein *Sadhu* Ramdas *Ganja*, da er selbst ein großer *Ganja*-Raucher war. Ramdas wusste damit nichts anzufangen und warf es ins Feuer, nachdem der *Sadhu* gegangen war. Am nächsten Tag kam der *Sadhu* erneut und bat

---

[1] ders., S. 190-192

um das Cannabis, das er Ramdas gegeben hatte, da ihm sein eigener Vorrat ausgegangen war. Ramdas erzählte ihm, dass er es verbrannt habe. Da seufzte der *Sadhu* erleichtert und meinte, er sei ein Sklave davon geworden und hoffe nun, durch den Kontakt mit Ramdas frei davon zu werden. Er besuchte Ramdas noch öfter.

Eines Tages bemerkte Ramcharandas, dass ihr Essensvorrat zu Neige ging. Er wollte den Berg hinuntersteigen und aus dem Swargashram unten einen Vorrat für einen ganzen Monat besorgen, sodass sie eine Weile versorgt wären. Ramdas meinte, diese Mühe könne er sich sparen, denn Gott würde für sie sorgen. Doch Ramcharandas blieb hartnäckig. Er schleppte tatsächlich in einem Sack einen Monatsvorrat an. Ramdas meinte, er würde mehr aufs Essen als auf Gott vertrauen. Die Höhle wurde zu einem Vorratslager.

Da kamen *Sadhus* und meinten, Ramdas solle doch durch den Punjab und Kashmir reisen, wo die Leute mit Hingabe und Liebe erfüllt seien. Ramdas verstand das als den Wink Rams zum Aufbruch. Die Vorräte und Töpfe wurden an *Sadhus* und die Bevölkerung verschenkt, und sie verließen die Höhle.

Ramdas beschloss, zu Fuß über die Berge nach Kashmir zu wandern. Er erfuhr, dass es einen Weg gab, der allerdings mühsam und gefährlich war. Da schlug ihm jemand vor, doch mit dem Zug über den Punjab nach Kashmir zu reisen, dann könne er unterwegs die berühmten Orte besuchen. Schließlich ließ es sich davon überzeugen und stieg mit Ramcharandas in Rishikesh in einen Zug in den Punjab.

Im Punjab besuchten sie mehrere Pilgerorte. Unterwegs litt Ramdas an Durchfall. Zudem bildete sich an seinem Fuß ein Geschwür, das immer größer wurde. Schließlich schnitt ein Wundarzt das Geschwür auf, verband die Wunde und riet ihm, einige Tage nicht zu gehen, damit kein Schmutz in die Wunde kam. Ramdas schlug den Rat in den Wind und wanderte am nächsten Tag hinkend weiter.

Eines Tages schickte Ramdas Ramcharandas wieder fort, um unabhängig von ihm zu werden und seine eigenen Erfahrungen zu machen. Sie wollten sich in Kashmir wieder treffen. Ramcharandas musste schließlich einwilligen.

Ramdas berichtet: „Gegen fünf Uhr erreichte Ramdas Pathankot. Er sah den weißen Turm eines Tempels am Straßenrand, in den er eintrat. Als der *Pujari* des Tempels ihn sah, war er sehr freundlich, als hätte er sein Kommen schon lange erwartet. Er umarmte Ramdas mit großer Liebe und ließ ihn neben sich auf einer Pritsche Platz nehmen. Er bot ihm ein süßes Getränk an und unterhielt sich mit ihm auf sehr freundliche Weise. Die Nacht rückte näher.

‚Maharaj, Ramdas wünscht sich, diese Nacht in einem vollkommen einsamen Raum in deinem *Mandir* zu verbringen. Bitte stelle ihm einen solchen Raum zur Verfügung', bat Ramdas.

Der *Pujari* sagte sofort, dass es unter der Erde am Fuß des Haupttempels einen höhlenartigen Raum gebe, einen Ort, der frei von den störenden Geräuschen des äußeren Lebens sei. Ramdas willigte ein, ihn für die Nacht zu nutzen. Der *Pujari* nahm eine alte Matte und führte ihn über eine Steintreppe hinunter in den halbdunklen Raum, der etwa zehn Fuß im Quadrat maß und sich in den Tiefen der Erde befand. Staub lag schwer auf dem Boden, der vielleicht seit Jahren nicht mehr gekehrt worden war. Der *Pujari* breitete die Matte für Ramdas aus, und Ramdas wünschte ihm eine gute Nacht. Der *Pujari* ging.

Als die Nacht über die Außenwelt hereinbrach, wurde der Raum in tiefe Dunkelheit getaucht. Es gab nur ein einziges kleines Fenster in Höhe des Bodens draußen. Stundenlang saß Ramdas auf der Matte in einem Zustand völligen Vergessens seines Körpers, als er durch das Geräusch von Schritten zum äußeren Bewusstsein zurückkam. Er öffnete die Augen und sah drei Personen die Höhle betreten. Sie hatten eine Laterne bei sich und auch ein Handharmonium und eine *Tabla*. Es waren der *Pujari* und seine Freunde. Der *Pujari* hatte auch ein *Lota* aus Messing mit Milch für Ramdas mitgebracht. Auf sein Drängen hin trank Ramdas die Milch.

‚Maharaj‘, sagte der *Pujari*, „wir wollen hier ein paar Lieder singen. Deshalb sind wir mit den Musikinstrumenten gekommen."

‚In Ordnung‘, erwiderte Ramdas. ‚Ramdas wird nur zu gern eurer Musik zuhören.‘

Das Licht wurde in die Mitte des Raumes gestellt, und die Freunde positionierten sich in einer Reihe links von Ramdas am Fuß der Treppe. Die Musik setzte ein. Das Lied war in Hindi, komponiert von einem bekannten Heiligen. Sie sangen die erste Strophe, die lautete: ‚Derjenige ist ein *Jivanmukta* oder eine befreite Seele, der die Freude entdeckt hat, *Ramnam* auf seiner Zunge zu haben.‘ Als sie die erste Strophe beendet hatten, hörten sie plötzlich auf zu singen. Auch die Musikinstrumente hörten auf zu spielen. Ramdas wandte sich an sie, um zu sehen, was los war. Alle drei blickten mit weit aufgerissenen Mündern und erschrockenen Augen auf die rechte Seite von Ramdas. Eine giftige Schlange bewegte sich langsam auf ihn zu. Mit einem Ruck standen sie wie ein Mann auf und forderten Ramdas auf, es ihnen gleich zu tun.

‚Lass uns diesen Ort verlassen, Maharaj. Ich kann anderswo eine Unterkunft für dich finden‘, sagte der *Pujari*. ‚Diese Schlange ist die schlimmste ihrer Art. Sie ist voller Gift vom Schwanz bis zum Kopf. Steh auf und folge uns.‘

Ramdas war kühl und ruhig und erwiderte: ‚Ram, warum hast du solche Angst vor der Schlange? Gott selbst hat uns in dieser Form *Darshan* gegeben. Er ist mit so viel Liebe gekommen, um die Musik zu hören. Er wird keinen Schaden anrichten. Setzt euch hin und macht mit dem *Kirtan* weiter.'

Der *Pujari* rief: ‚Es ist unmöglich zu singen, wenn der Bote von *Yama* (des Todesgottes) selbst so nahe ist! Wir verschwinden. Wir raten dir, mit uns zu gehen.'

‚Gebt der Angst nicht nach. Die Schlange wird keinen Schaden anrichten. Ihr braucht nicht zu singen, aber lauft auch nicht weg. Ihr werdet sehen, dass die Schlange es nicht böse meint', drängte Ramdas.

Sie wollten sich nicht hinsetzen. Als die Schlange immer näher an Ramdas herankam, drehten sie sich wie der Zeiger einer Uhr und umrundeten ihr Schwanzende. Das Reptil kam ganz nah an Ramdas heran. Er winkte es herbei und sagte: ‚Geliebter Ram, komm schon. Zögere nicht.' Er hatte ein Stück Palmzucker in sein Tuch gebunden, das er öffnete, vor die Schlange legte und sagte: ‚Geliebter Ram, dies ist alles, was Ramdas dir anbieten kann. Bitte nimm es an.'

Die Schlange näherte sich dem Klumpen Palmzucker, leckte mit ihrer gespaltenen Zunge einige Sekunden lang daran und kroch dann weiter. Sie war jetzt nur noch etwa zwei Zentimeter von ihm entfernt, aber er saß stocksteif da. Sie kam nicht ganz auf ihn zu, sondern drehte den Kopf nach außen und nahm dicht hinter ihm einen Umweg. Als sie auf der linken Seite auftauchte, gingen die Freunde auf die rechte Seite von Ramdas. Sie achteten darauf, dass sie immer einen Abstand von mindestens einem Meter zum Schwanzende der Schlange einhielten. Die Schlange bewegte sich nun langsam auf die Treppe zu und kroch an einer Ecke hinauf.

‚Maharaj', rief der *Pujari* besorgt, ‚es sind noch etwa vierzig Stufen, um die höher gelegene Ebene zu erreichen. Die Schlange kriecht so gemächlich, dass es Stunden dauern kann, bis sie oben ankommt. Bis dahin sind wir hier gefangen.

Außerdem weiß man nicht, ob sie es sich in den Kopf setzt, in die Höhle zurückzukehren. Wir sind erledigt.'

,Habt keine Angst. Sie kriecht an einer Ecke der Treppe hinauf. Ihr könnt sicher auf der anderen Seite hinaufsteigen', schlug Ramdas vor.

,Nichts dergleichen', wandte der *Pujari* schnell ein. ,Wir wagen es nicht. Wir haben kein solches Vertrauen wie du.'

Ramdas schlug daraufhin vor, sich in die Mitte der Treppe zu stellen, sodass sie sicher zwischen ihm und der Wand hinaufgehen konnten, entgegengesetzt zum Weg, den die Schlange nahm. Sie stimmten zu, und er nahm die von ihm angegebene Position ein. Die Freunde stiegen, einer nach dem anderen, die Treppe hinauf, wobei sie vier Stufen auf einmal nahmen. Bevor sie gingen, warnten sie ihn erneut vor der Gefahr und forderten ihn auf, ihnen aus dem Haus zu folgen. Sie nahmen außer den Musikinstrumenten auch die Laterne mit.

Ramdas war erneut in völlige Dunkelheit getaucht. Er nahm wieder seinen Platz auf der Matte ein. Er tastete in der Dunkelheit nach dem Klumpen Palmzucker, den die Schlange gekostet hatte, und fand ihn nach einigem Suchen. Da er das *Prasad* war, das die Schlange hinterlassen hatte, warf er ihn in seinen Mund und aß ihn mit großem Genuss. Er blieb die ganze Nacht über in dieser Haltung sitzen, versunken in eine glückselige Trance.

Als der erste Schein des Morgens durch die Scheiben des kleinen Fensters der Höhle drang, entdeckte er einen Kopf, der vom Treppenabsatz an einer scharfen Ecke in den Raum spähte. Es war der *Pujari*, der sich vergewisserte, dass Ramdas am Leben war. Ramdas sah ihn an und lächelte. Dann kam er in den höhlenartigen Raum, mit seinen Freunden von der letzten Nacht dicht auf den Fersen. Sie setzten sich vor ihn hin und starrten ihn verwundert an. Dann wurde die Aufmerksamkeit des *Pujari* auf die Stelle gelenkt, wo der Klumpen Palmzucker gewesen war. Da er ihn dort nicht fand, fragte er Ramdas, was aus ihm geworden war. Er antwortete, dass er ihn als *Prasad* der Schlange aufgegessen hatte.

‚Guter Gott!‘, rief er aus, ‚du bist ein schrecklicher Mensch.‘

‚Ramdas ist kein schrecklicher Mensch‘, erwiderte Ramdas. ‚Er ist nur ein Kind und Diener Gottes.‘

Dann verließ Ramdas den höhlenartigen Raum und den Tempel und setzte seine Reise fort.“[1]

Im Punjab behandelten die Menschen ihn sehr gastfreundlich. Sie überredeten ihn, bis Jammu mit dem Zug zu fahren. So ging es weiter nach Kashmir. Die meiste Zeit verbrachte er in Srinagar. Er stieg auf den *Shankaracharya*-Hügel, wo der berühmte *Shankara* bei seinem Besuch von Kashmir gelebt haben soll, und machte Ausflüge zu den Heiligtümern der Gegend. Ramdas hielt sich mehrere Monate in Kashmir auf. Ramcharandas hatte sich wie abgemacht wieder eingestellt.

---

[1] ders., S. 206-208

Die Reise zum Amarnath

Amarnath, auch Shivas Höhle genannt, im Territorium vom Jammu, ist der bekannteste Pilgerort in Kashmir hoch in den Bergen. Es ist eine Höhle mit einer imposanten Eissäule, die als *Shiva-Lingam* verehrt wird. Die Mythologie erzählt, dass Shiva sich einst vor den staunenden Augen der anderen Hauptgötter Brahma und Vishnu als Eissäule manifestiert habe.

Von seiner Reise dorthin berichtet er: „Der Tag der Abreise kam. Am Abend zuvor kam Janakinath [ein Freund, bei dem er längere Zeit in Srinagar verbracht hatte] mit einem niedergeschlagenen Gesicht zu Ramdas. Er war sehr beunruhigt. Sein Verwandter hatte nämlich in letzter Minute einen Rückzieher gemacht, Ramdas mit nach Amarnath zu nehmen, und hatte eine entsprechende Nachricht geschickt. ‚Swamiji‘, sagte er, ‚es scheint der Wille Gottes zu sein, dass du nicht nach Amarnath gehst, sonst hätte mein Verwandter sein Versprechen nicht in letzter Minute zurückgezogen.‘

Bei diesen Worten richtete sich Ramdas auf, und sein Körper versteifte sich mit einer grimmigen Entschlossenheit.

‚Ramji‘, antwortete Ramdas in festem und gemessenem Ton und blickte direkt in die Augen von Janakinath, ‚glaubst du, dass Ramdas die Reise nach Amarnath von deiner Beziehung abhängig macht? Gott, dessen Diener und Kind er ist, hat ihm die Idee in den Kopf gesetzt, und es ist Seine Pflicht, dafür zu sorgen, dass sie erfüllt wird. Für den Herrn gibt es nichts Unmögliches. Er wird sich schon darum kümmern, dass Ramdas sicher zum Schrein von Amarnath geführt wird.‘

Am Ufer des Jhelum befindet sich nur etwa fünfzig Meter von Janakinaths Haus entfernt ein *Shiva*-Tempel. Der *Pujari* des Tempels, der Ramdas sehr schätzte und liebte, besuchte stets Janakinaths Haus, um ihn zu sehen und mit ihm zu sprechen. Am Morgen des Tages, an dem Ramdas zu seiner Pilgerreise nach Amarnath aufbrechen sollte, kam er vorbei und begleitete ihn zum Tempel. Nach dem Bad setzte sich Ramdas auf einen vom *Pujari* bereitgestellten *Asan* vor die Götterstatue. Es mag etwa acht Uhr gewesen sein. Ein junger *Pandit*, der Ramdas völlig fremd war, betrat in aller Eile den Tempel und erkundigte sich nach Ramdas.

‚Swamiji', sagte der junge Mann zu Ramdas, ‚mein Vater bereitet sich für die Reise nach Amarnath vor. Er will auch dich mitnehmen. Bitte komm mit mir. Er wartet zuhause auf dich.'

Die warme Kleidung, die für Ramdas und Ramcharandas bestimmt war, lag noch unvollendet beim Schneider. Für Ramdas waren eine Wollmütze und eine zweireihige Jacke vorgesehen und ein langer Mantel aus demselben Material für Ramcharandas.

Ramdas kümmerte sich nicht um die Kleidung. Er fühlte, dass Gottes Befehl gekommen war, und er musste ihm um jeden Preis gehorchen. Also machte er sich mit zwei *Khaddar*-Gewändern auf den Weg. Es wurde beschlossen, dass Ramcharandas am nächsten Tag mit der Wollkleidung aufbrechen und Ramdas in Mattan oder Martand treffen sollte, der ersten Etappe der Reise, wo er zwei Tage bleiben würde. Ramdas ging ins Haus des Pilger-*Pandits*, wo er seine Mahlzeit einnahm. Der *Pandit* war ein älterer Mann, groß und kräftig gebaut. Um zwölf Uhr stiegen sie in einen Autobus, der sie am Abend nach Mattan brachte.

Ramdas bemerkte einen ängstlichen Ausdruck auf dem Gesicht des *Pandit*-Begleiters. Als er ihn fragte, nannte er mit großem Zögern den Grund. ‚Maharaj', sagte er, ‚die Sache, die mich beunruhigt, ist die: Wir müssen morgen oder übermorgen höher hinauf. Wenn wir die Berge hinaufsteigen, wird die Kälte immer schlimmer werden. Ich habe Decken und Kleidung mitgebracht, die nur für eine Person ausreichen, während du nichts besitzt als die unzureichenden Baumwollaken. Mir wurde gesagt, dass ein Freund dir warme Kleidung bringen würde, aber bis jetzt ist nichts von ihm zu sehen. Was sollen wir tun?'

‚Überlass die Angelegenheit Ram. Er wird sich darum kümmern. Bitte mach dir keine Sorgen', erwiderte Ramdas.

Den ganzen Tag über kam eine Busladung von Pilgern nach der anderen in Mattan an, und der *Pandit* übertrug Ramdas die Aufgabe, auf die Ankunft Ramcharandas zu warten. Bis halb vier saß er auf der niedrigen Mauer einer Brücke, wo die ankommenden Autobusse hielten.

Plötzlich kam ein junger Mann, gekleidet nach der neuesten Mode von Srinagar mit hohem, gelbem Turban auf ihn zu, nahm ihn beim Arm und sagte: „Da bist du ja, Ramdas, ich habe dich erwischt. Du sollst mit mir nach Amarnath gehen. Obwohl du dich vielleicht nicht an mich erinnerst, habe ich dich im Nishad Bag mit Amarnath[1] Bakshi gesehen, der mein Lehrer war und jetzt ein guter Freund von mir ist. Er hat mich gebeten, mich um dich zu kümmern. Komm mit. Ich bin Arzt. Mein Name ist auch Amarnath. Ich gehöre zu dem Krankenlager, das mit den Pilgern bis nach Amarnath reist, um für ihre Gesundheit zu sorgen. Ich habe ein eigenes Zelt, in dem du herzlich willkommen bist. An warmer Kleidung und Decken wird es dir nicht mangeln. Ich habe viel davon für dich übrig.'

‚Ramji', wandte sich Ramdas an den Arzt, ‚Ramdas kam in Begleitung eines *Pandits* hierher, der sehr freundlich zu ihm war. Ramdas muss ihn von der neuen Vereinbarung in Kenntnis setzen.'

‚Komm erst einmal mit mir', sagte er mit der spöttischen Autorität, die er immer an den Tag legte. Er war eine so gütige und liebevolle Seele. ‚Ich will nicht, dass du mir aus den Händen gleitest. Ich kenne den *Pandit*, von dem du sprichst. Ich werde

---

[1] Amarnath ist auch ein Männername.

nach ihm schicken und die Sache mit ihm besprechen. Du musst dich nicht darum kümmern.'

Der Arzt nahm Ramdas am Arm, führte ihn zu einem Zelt, das auf einem flachen Grundstück im Schatten von Bäumen lag, und ließ ihn auf einem Stuhl Platz nehmen. Dann schickte er einen seiner Diener los, um den *Pandit* zu holen. Ramdas wurde nun ein stiller Zuhörer des Gesprächs zwischen dem Arzt und dem *Pandit* in der kashmirischen Sprache. Sein monatelanger Aufenthalt in ihrer Mitte hatte ihm so viel Einblick in ihre Sprache gegeben, dass er die Richtung ihres Gesprächs verstehen konnte. Es kam zu einem Wortgefecht zwischen ihnen. Der *Pandit* wollte sich nicht von Ramdas trennen. Er versicherte dem Arzt, er werde Ramdas mit Kleidung und Decken versorgen. Das Wortgefecht dauerte etwa eine halbe Stunde, und der Arzt ging am Ende als Sieger hervor. Der *Pandit* ging mürrisch und enttäuscht weg.

In der Abenddämmerung tauchte mit dem letzten Autobus auch Ramcharandas auf. Er hatte Wollkleid für sich selbst und auch für Ramdas mitgebracht. Am selben Abend traf Ramdas einen Verwandten des Arztes, der ihn mit einem langen Wollmantel und einem Regenschirm versorgte.

Am nächsten Tag zog die Pilgerschar weiter, so auch das Kranken-Camp, Ramdas und Ramcharandas sowie zwei kräftigen *Pandits*, Dienern des Arztes, die ihm Gesellschaft leisteten. Der Arzt ritt zu Pferd.

Am Abend erreichten sie Phelgaon, die zweite Etappe ihrer Reise. Die Krankenstation baute auf einer weiten Ebene in der Nähe des Flussufers ihr Lager auf.

Phelgaon ist ein äußerst reizvoller Ort – erhabene Berge auf der einen Seite, ein dichter Wald aus Tannen und hohen Pappeln auf der anderen Seite und der sanft fließende Fluss in der Ebene des Tals. Die große Weite mit den zauberhaften Grenzen verlieh dem Ort Erhabenheit und eine einzigartige Faszination.

Die herrliche Landschaft von Kashmir zieht Touristen aus verschiedenen Teilen der Welt an. Es heißt, der Charme und die Schönheit der Landschaften seien mit den weltberühmten Aussichten der Schweiz vergleichbar.

In Phelgaon entdeckte Ramdas Balak Ram Paramahams [ein früherer Gefährte, mit dem Ramdas längere Zeit verbracht hatte] inmitten der Pilgerscharen. Als dieser Ramdas so unerwartet traf, kannte seine Freude keine Grenzen. Ramdas fand ihn immer noch als Sklave des *Ganja*-Rauchens vor. Er bat Ramdas um ein Tuch, und dieser trennte sich von dem einen Tuch, das er übrig hatte.

Als Ramdas zum Lager zurückkehrte, stellte er fest, dass viele neue Freunde sich der Gruppe beigesellt hatten, darunter einige *Vakils* und Professoren. Dr. Amarnath erfuhr, dass Ramdas ein Tuch verschenkt hatte, und zog Ramdas für diese seiner Meinung nach törichte Tat zur Rechenschaft. Er übernahm die Verantwortung für Ramdas' Ersatzkleidung. Ramdas zog den langen Mantel, ein Geschenk des Verwandten des Arztes, nur selten an. Besonders diesen Mantel packte der Arzt heimlich in seine Tasche. Immer wenn Ramdas ihn anzog, wurde er bewacht, damit er ihn nicht weggeben konnte.

Nachdem sie die Nacht in Vavjin verbracht hatten, setzten sie am nächsten Tag ihren Marsch fort. Gegen neun Uhr erreichten sie einen Ort namens Sheshnag. Die Kälte wurde nun immer strenger. Sheshnag ist ein riesiges, kreisrundes, natürliches Wasserreservoir, ein gigantischer Hohlraum in den Bergen, der einer Wanne ähnelt, deren eine Seite offen ist. Das Wasser war von strahlender Reinheit und hatte eine bläulich-graue Färbung. Ramdas und die Gruppe gingen zum Ufer des runden Sees und fanden das Wasser eiskalt. Ramdas wandte sich an Ramcharandas und sagte: ‚Ramji, zieh deine Kleider aus. Lass uns im See baden.'

Ramcharandas schreckte vor dieser Aussicht zurück. ‚Das Wasser ist sehr kalt‘, sagte er: ‚Lass uns nicht hier baden.‘

‚Nein, Ram, es ist wichtig, dass wir in diesem See baden. Ramdas wird in der Nähe des Ufers baden, denn er ist es nicht gewohnt zu schwimmen, während du einen Sprung ins Wasser wagen und eine gute Runde schwimmen solltest. Du bist jung und mutig. Du hast keinen Grund zu zögern. Komm mit!‘, drängte Ramdas.

Der See von Sheshnag,
Wikimedia Commons, Foto: Koustuvk, 2011

Widerwillig legte der Junge den kuscheligen, warmen Mantel ab, der seinen Körper bedeckte, und auch Ramdas entledigte sich seines spärlichen Gewandes. Er ging zuerst ins Wasser, und als er eine Tiefe erreicht hatte, in der ihm das Wasser bis zur Brust reichte, bat er Ramcharandas, den Sprung zu wagen, was dieser auch tat. Er schwamm etwa fünf Minuten, bevor er zum Ufer zurückkehrte. Ramdas kehrte nach dreimal Untertauchen ebenfalls zurück. Die *Pandits* standen bereit, um seinen Körper mit ihren groben Handtüchern abzutrocknen.

73

Dann zog die Gruppe weiter und kam am Abend in Panchatarni an. Panchatarni ist ein flaches Tal inmitten hoher Berge, die mit dicken, silbrigen Schneeschichten bedeckt sind. Der Fluss floss hier nur langsam vor sich hin. Die Pilger schlugen ihre Zelte in der Nähe des Flussufers auf. In diesen höher gelegenen Regionen schien die Sonne nur schwach durch einen dichten, grauen Nebel, und die Luft war beißend kalt. Der Dunst verlieh dem Anblick des schachbrettförmigen Grüns und der schneebedeckten Berge einen seltsamen Reiz.

Bis nach Phelgaon war der Weg eben. Danach ging es bergauf. Der gewundene Pfad machte den Aufstieg leicht. Ramdas und seine Freunde gingen zügig und erreichten Chandanwadi lange vor Sonnenuntergang.

Die nächste Etappe ihres Aufenthalts war Vavjin. Es ist ein Ort, an dem ständig eiskalte Winde wehen, oft begleitet von Regen. Die Pilger mit spärlicher warmer Kleidung litten sehr unter der Kälte.

Panchatarni ist nur vier Meilen vom Schrein von Amarnath entfernt. Die Pilger lassen sich normalerweise hier nieder, gehen für ein paar Stunden hinauf, um den *Darshan* von Amarnath zu haben, und kehren dann zu ihren Zelten in Panchatarni zurück. Die Nacht verging, und es war geplant, dass die Gruppe im Zelt des Arztes den kurzen Weg am nächsten Morgen gegen neun Uhr antreten und gegen ein Uhr zurückkehren sollte.

Gegen acht Uhr ereignete sich im Zelt des Arztes ein Vorfall, der hier geschildert werden muss. Der Arzt und die *Pandit*-Freunde, die das Zelt bewohnten, waren es gewohnt, Ramdas' Beine abwechselnd zu massieren. Sie hatten große Freude an diesem Dienst. Als Ramdas im Zelt in Panchatarni saß, teilten sich der Arzt und ein anderer Freund Ramdas' Beine auf und massierten sie fleißig.

In diesem Moment kam eine alte, abgemagerte und schwache Pilgerin vor das Zelt und schrie verzweifelt. Ihr ganzer Körper zitterte vor Kälte, denn sie hatte nur einen dünnen Baumwoll-sari, der ihren Körper bedeckte. Sie bat kläglich um warme Kleidung. Ihre wiederholten Bitten stießen auf taube Ohren. Keiner im Zelt war bereit, auch nur ein einziges Stück Wollstoff für die leidende Bettlerin herzugeben. Die Freunde hatten reichlich Kleidung gegen die Kälte mitgebracht, und Ramdas dachte, sie könnten der armen Frau in ihrer Stunde der Not helfen. Als Ramdas der Frau helfen wollte, lehnten sie dies mit der Ausrede ab, dass sie nichts entbehren könnten. Ramdas musste an die Wollkleidung denken, die ihm geschenkt worden war und sich nun in der Obhut des Arztes befand. Ramdas bat den Arzt, die Kleidung der Frau zu geben. Doch die ganze Gruppe lehnte dies ab.

„Die Kleidung ist für dich, Swamiji", sagte der Arzt. „Ich kann sie der Frau nicht geben."

„Nun, Freunde", fragte Ramdas, sich an den Arzt wendend, „warum massiert ihr so gerne Ramdas' Beine? Was habt ihr davon?"

„Wir fühlen uns glücklich, wenn wir das tun", antwortete der Arzt.

Da verschränkte Ramdas seine Beine und forderte die Freunde mit der Bemerkung heraus: „Ramdas verweigert euch dieses Glück, weil ihr nicht bereit seid, ihm eine Freude zu machen, indem ihr die Not der Bettlerin lindert."

Diese Haltung von Ramdas hatte die gewünschte Wirkung auf den Arzt und die Freunde. Der Arzt holte sofort den Wollmantel aus seinem Versteck und warf ihn Ramdas zu, der ihn seinerseits sofort an die bedürftige alte Frau aushändigte.

„Jetzt massiert so viel ihr wollt." Ramdas streckte seine verschränkten Beine wieder aus, und sie machten sich an die Arbeit.

Kurz darauf brachen sie zum *Darshan* von Amarnath auf. Nach vier Meilen Fußmarsch auf einem schmalen, gewundenen Pfad am Rande eines Hügels entlang erreichten sie ein offenes, unebenes, felsiges Tal, in dem rechts der Fluss floss und sich links eine riesige Höhle im Berg öffnete. Ramdas vermisste Ramcharandas, den er in der riesigen, verwirrenden Masse der Pilger, die auf über 13.000 geschätzt wurden, verloren hatte.

Die Eissäule im Innern der Amarnath-Höhle,
Wikimedia Commons, Foto: Gangadhar Tambe, 2004

Nachdem er im Fluss gebadet hatte, machte er sich auf den Weg zur Höhle. Die Höhle ist von enormer Größe mit einer weiten Öffnung. Hunderte von Pilgern hatten sich bereits in ihr versammelt. An dem Ort der Verehrung steht ein *Shiva-Lingam* aus Eis. Ramdas konnte die *Murti* nicht sehen, da sie unter den Geschenken der Pilger aus Tüchern usw. verborgen war, die von ihnen über sie geworfen wurden. Rechts und links von dem *Shiva-Lingam* befinden sich riesige Schneeblöcke, die *Parvati* und *Ganesha* darstellen.

Die reine und geheiligte Atmosphäre, die herrliche Umgebung und der Anblick von Tausenden von Pilgern lösten in Ramdas

Wellen der Begeisterung aus. In der Höhle traf er Ramcharandas wieder.

Nach dem Bad und dem *Darshan* machte sich die Pilgerschar auf den Rückweg zu ihrem Lager in Panchatarni. Auch der Arzt und seine Gruppe begaben sich nach unten. Noch vor Einbruch der Dunkelheit schlugen sie ihre Zelte an einem niedrig gelegenen Berghang hinter Vavjin auf. Hier wurde dem Arzt berichtet, dass ein *Sadhu* in Vavjin aufgrund der starken Kälte seinen Körper aufgegeben hatte. Dies war das einzige Todesopfer, das die Pilger zu beklagen hatten.

Am nächsten Tag setzten sie den Marsch die Hügel hinunter fort. Der Weg bestand nun natürlich aus einem ständigen Gefälle. Ramdas rannte mit Ramcharandas dicht auf den Fersen in halsbrecherischem Tempo die Hänge hinunter und erreichte Phelgaon lange bevor die Krankenstation eintraf."[1]

Ramdas lange Abwesenheit beunruhigte seine Freunde im Süden. Sie schickten ein Telegramm nach dem anderen nach Srinagar. Schließlich reiste er wieder nach Süden bis nach Kerala hinunter. In Kasaragod traf er seine Familie wieder und verbrachte einige Zeit bei seinem Bruder Anandrao.

---

[1] Ramdas: Vision, S. 225-233

Der Anandashram in Kasaragod

Nach mehreren Jahren der Wanderschaft ließ sich Ramdas am 3. Juni 1928 in einem kleinen Ashram in der Nähe von Kasaragod nieder, den seine Anhänger und sein Bruder Anandrao für ihn gebaut hatten. Er wurde Anandashram (Ashram der Glückseligkeit) genannt und bestand aus einem einzigen Raum und einer offenen Veranda. Als das Gebäude fertiggestellt war, wurde es eingeweiht, und Ramdas zog ein. Es kamen viele Besucher und spirituell Suchende. Anandrao kümmerte sich um die Mahlzeiten. Ramdas Tochter Ramabai besuchte den Ashram häufig mit ihrem Mann. Sie wurde so sehr von der Spiritualität angezogen, dass sie sich von der Welt abwandte, fastete und ihre Haushaltspflichten vernachlässigte. Ramdas überredete sie schließlich, wieder ihren Pflichten nachzukommen, und nach einer Krise von einigen Monaten führte sie wieder ein normales Leben wie zuvor. Auch Rukmabai lebte eine Zeit lang bei ihm im Ashram.

Eines Tages besuchte die Witwe Krishnabai mit einigen anderen Frauen den Ashram und fühlte sich stark zu Ramdas hingezogen. Schließlich beschloss sie, ihr Leben Gott zu weihen und mit Ramdas zusammenzuarbeiten, und blieb. Sie erhielt von Ramdas spirituelle Unterweisungen und wurde seine bedeutendste Schülerin. Die Nächte verbrachte sie zuhause bei ihren Kindern, die Tage im Ashram. Sie wurde mit „Mataji", Mutter, angesprochen, während Ramdas „Papa" genannt wurde. Später verbrachte sie auch die Nächte im Ashram.

Ramdas stand mit vielen Freunden in ganz Indien brieflich in Kontakt. Nach etwa einem Jahr baten sie ihn, wieder auf Wanderschaft zu gehen und sie zu besuchen. Schließlich gab er nach und reiste nach Bangalore, Sholapur und an andere Orte bis hinauf nach Agra, wo er den Taj Mahal besuchte. Da erreichte ihn ein Brief von Ramabai, dass sein Vater ihn sehen wollte. Er brach seine Reise ab und machte sich auf den

Rückweg. Sein Vater war zu dieser Zeit bettlägerig, und seine ehemalige Frau Rukmabai litt an starkem Asthma. Krishnabai pflegte die beiden mit viel Liebe.

Krishnabai mit Ramdas

Nach einiger Zeit im Ashram ging Ramdas erneut auf Reisen in den Punjab und nach Kashmir, um seine Tour zu beenden.

Die Anwesenheit einer attraktiven jungen Frau im Ashram eines Entsagenden setzte sowohl Swami Ramdas als auch Mutter Krishnabai erheblicher öffentlicher Kritik aus. Der Ashram verlor seine anfängliche Popularität. Später erinnerte sich Mutter Krishnabai mit ironischem Humor an diese Zeit: „Als der Ashram in Kasaragod gegründet wurde, strömten die Menschen jeden Tag in Gruppen zu *Bhajans* und Gesprächen herbei. Sie verbrachten Stunden zusammen mit Papa. Aber als ich zu Papa kam, blieben diese Leute, die ihm so sehr zugetan waren, allmählich weg, und in kurzer Zeit war niemand mehr da außer Papa, mir und einigen Krähen."[1]

Kurz darauf kamen Fremde nachts in den Ashram und versuchten, Krishnabai anzugreifen. Sie wurde verletzt. Darauf beschloss Swami Ramdas, den Ashram noch in derselben Nacht

---

[1] Satchidananda: Gospel, Volume II, S. 671–72

zu verlassen. Er kehrte nicht mehr zurück, und der Ashram in Kasaragod hörte mit diesem Vorfall im Januar 1931 zu bestehen auf.

Der Anandashram in Kanhangad

ANANDASHRAM in 1933

Auf Einladung von Freunden gingen Ramdas und Krishnabai nach Manjupati in Kerala. Seine Freunde planten, in der Nähe des Manjapati-Bergs für ihn einen neuen Ashram zu errichten. Ramdas hätte sich wohl wieder ein Wanderleben vorstellen können, doch für Krishnabai, die bei ihm bleiben wollte, war das nicht zumutbar.

Am 15. Mai 1931 wurde in Kanhangad der neue Ashram, ebenfalls Anandashram genannt, eingeweiht. Hunderte von Menschen nahmen an dem Fest teil, wobei Krishnabai das Programm organisierte. Dieser Ashram sollte für den Rest seines Lebens Ramdas' und Krishnabais Hauptwohnsitz bleiben.

Fünf Monate nach der Einweihung des neuen Ashrams starb Ramdas' Vater. Rukmabai war wenig zuvor gestorben.

Ramdas widmete sich nun der Herausgabe einiger Bücher. Er schrieb Artikel für Zeitschriften und pflegte eine umfangreiche

Korrespondenz. Schließlich gab der Ashram seine eigene Zeitschrift „The Vision" heraus.

Ende der 40er stellte sich Ananta Sivan (1919-2008) als ständiger Bewohner ein. Wie Krishnabai betrachtete er Ramdas als seinen Guru. Er nahm *Sannyas* und wurde als Swami Satchidananda bekannt. Er schrieb die Ereignisse und Gespräche von Ramdas im Ashram und auf Reisen auf. Seine Berichte wurden als „Gospel of Ramdas" veröffentlicht, seine Mitschriften der Vorträge und Gespräche während der folgenden Weltreise als „Lectures of Swami Ramdas".

Der Ashram hatte von Anfang an nicht nur eine spirituelle, sondern auch eine stark soziale Ausrichtung, wie es Ramdas' Sichtweise Gottes, der sich in allen Kreaturen manifestiert, entsprach. So wurden eine Grundschule, eine Gewerbeschule und eine Unterkunft für *Sadhus* errichtet. Es gab eine kleine Krankenstation. Felder wurden bewirtschaftet, was den Bewohnern der Umgebung Arbeit verschaffte. Später wurden diese Unterfangen anderen Organisationen übertragen. Helfer stellten sich ein, die den einen und anderen Dienst im Ashram versahen. Es kamen ständig Besucher, von denen manche länger blieben.

Die Weltreise

Ramdas mit Swami Siddeshwarananda in Frankreich

Im Jahr 1954 unternahm Swami Ramdas eine Weltreise, die ihn nach Europa, in die Vereinigten Staaten sowie nach Ost- und Südostasien führte. Sein Buch ‚Word is God‘ (Die Welt ist Gott) berichtet von dieser fünfmonatigen Reise. Rani Lalita Devi aus Hyderabad finanzierte alles und schloss sich ihm zusammen mit Krishnabai, Swami Satchidananda und Surglal Gupta an.

Die Gruppe brach am 3. August 1954 auf. Sie flogen von Mangalore nach Bombay. Viele Freunde und Verehrer kamen, um sich von ihm zu verabschieden. Ramdas hielt eine Ansprache und erklärte den Sinn dieser Weltreise folgendermaßen: „Das Ziel seiner Reise in fremde Länder, wie vom Göttlichen gewollt – Ramdas benutzt das Wort ‚fremd‘, wie es dem allgemeinen Sprachgebrauch entspricht, aber in Wirklichkeit gibt es für ihn nichts ‚Fremdes‘, da die ganze Welt sein Zuhause ist – ist die Verbreitung des Ideals der universellen Liebe und des Dienstes. Ramdas kann dieses Ideal nur auf eine Weise verbreiten, und das ist, indem er seinen Geliebten in allen Wesen sieht, sodass seine Liebe ausfließt und die ganze Welt überschwemmt, alle von Menschen gemachten Unterschiede beseitigt und alle Menschen als eine Weltfamilie vereint, denn es ist ein Gott, der alles durchdringt, und die ganze Menschheit ist Ausdruck von Ihm. Ramdas geht dorthin, um allen zu zeigen, wie es möglich ist, diese erhabene Erfahrung zu machen. Jeder muss erkennen, dass das Göttliche in ihm ist.“[1]

Die Gruppe verbrachte zwei Wochen in Bombay und flog dann über Kairo nach Rom. Obwohl der Flug um Mitternacht war, kamen viele Freunde zum Flughafen. In Rom wurden sie von Frau Herbert empfangen, die sich um sie kümmerte, und bezogen ein Hotel. Sie bat Ramdas um die Einweihung, und er weihte sie in das Ram-Mantra ein. Am nächsten Tag sahen sie sich Rom an. Ramdas war vom Petersdom sehr beeindruckt.

Ramdas wollte auch eine Audienz bei Papst Pius XII, doch dieser war zu krank, um ihn zu empfangen. Da schrieb er ihm folgenden Brief:

Rom, 19. August 1954

Eure Heiligkeit,

Wir – Mutter Krishnabai, Ramdas, Swami Satchidananda, Rani Lalita Devi und Sagarlal Gupta – sind aus Indien gekommen und haben uns so sehr gewünscht, während unseres Aufenthalts eine Audienz bei Ihnen zu erhalten. Da unser Aufenthalt nur

---

[1] Ramdas: World, S. 4 f.

kurz ist – wir fliegen morgen nach Genf –, bedauern wir sehr, dass wir Sie nicht sehen und Ihnen unsere Aufwartung machen können, da wir gehört haben, dass Sie sich nicht bei guter Gesundheit befinden.

Unsere bescheidene Mission während unserer Weltreise – wir haben geplant, viele Länder in Europa, Amerika und im Fernen Osten zu besuchen – ist es, die Botschaft des Geistes in die Herzen aller Menschen zu tragen und mit ihnen über die Herrlichkeit Gottes zu sprechen. Wir beten inständig, dass Sie uns für den Erfolg unserer Mission segnen.

Wir grüßen Sie von ganzem Herzen im Namen des Herrn Jesus und der heiligen Mutter Jungfrau Maria. Wir beten zu Gott, dass Sie bald wieder gesund werden.

Eine Kopie unserer Reiseroute ist beigefügt, damit Sie uns mit Ihren Gedanken im Gebet folgen können.

Immer zu Ihren Diensten,

Ramdas

An Seine Heiligkeit den Papst Pius XII.[1]

Über ihren Aufenthalt in Rom schreibt Ramdas humorvoll: „Während unseres Aufenthalts in Rom hatten wir mit der Schwierigkeit der Sprache zu kämpfen. Keiner von uns kannte die italienische Sprache. Frau Herbert war extrem hilfreich, da sie die Rolle der Dolmetscherin sehr gut für uns spielte. Einmal, als sie nicht bei uns war, läuteten wir nach dem Hotelangestellten, weil wir etwas Milch wollten. Als der Diener kam, versuchte unser Freund Sagarlal, ihm unser Anliegen verständlich zu machen. Aber die Sprache, in der Sagarlal sprach, konnte nicht helfen. Er machte Zeichen, aber auch diese konnten dem Angestellten nicht vermitteln, was wir wollten. Sagarlal ließ sich nicht entmutigen, und da er einfallsreich und geist-

---

[1] ders., S. 13

85

reich war, hob er beide Hände halb hoch, schloss die Fäuste und bewegte sie abwechselnd auf und ab, um dem Diener zu zeigen, dass er Milch wollte, die man bekommt, wenn man die Kuh auf diese Weise melkt, wie er gestikulierte. Selbst dieser höchst suggestive Versuch schlug fehl. Der Angestellte verfolgte mit gespannten und weit geöffneten Augen die anschauliche Darbietung von Sagarlal. Unfähig zu begreifen, was dieses Schauspiel bedeutete, beugte er sich leicht vor und machte mit seinen erhobenen Händen Zeichen, indem er sie in drei wiederholten Gesten nach außen bewegte, um uns wissen zu lassen, dass er überhaupt nicht begriff, was Sagarlal ihm zu sagen versuchte. Dann verschwand er. Das Bild des Gesichts, die gebeugte Gestalt, die Bewegung der Hände und das plötzliche Verschwinden des Dieners brachten uns zum Lachen.

Als wir die Sehenswürdigkeiten Roms besichtigten, bemerkten wir Gruppen von Italienern, die auf der gegenüberliegenden Straßenseite stehen blieben und uns neugierig anstarrten. Offensichtlich waren unsere Hautfarbe und unsere Kleidung der Grund für die Attraktion. Mutter und Rani Lalita Devi trugen indische Saris, Ramdas einen langen Mantel, der bis zu den Knöcheln reichte, Satchidananda einen orangefarbenen *Dhoti*, ein Hemd und ein Oberteil, und Sagarlal seine übliche europäische Kleidung. Keiner von uns hatte eine Kopfbedeckung. Die Gruppe musste für westliche Augen seltsam aussehen.“[1]

Nach zwei Tagen flogen sie nach Genf, wo sie zwei Wochen bei Jean Herbert und seiner Frau wohnten. In der Bibliothek ihrer Villa fanden tägliche Treffen statt.

„Eines Tages schlug Jean Herbert vor, dass wir zu einem Kloster in Broc in der Schweiz fahren sollten, um Pater Dom Barras, einen bekannten Abt, zu treffen. Der Pater war sehr aufgeschlossen und schätzte, was Ramdas in Bezug auf die universelle Natur spiritueller Erfahrungen sagte. Der folgende Bericht

---

[1] ders., S. 14 f.

über einen Teil der Gespräche zeigt die Art der Fragen, über die gesprochen wurde.

Lizelle Reymond, Ramdas, Krishnabai und Jean Herbert
im Anandashram, 1937

Pater: ‚Ist absolute Reinheit auf der physischen Ebene möglich?‘

Ramdas: ‚Ja, sie ist möglich, wenn der Geist durch ständiges Erinnern und Meditieren völlig in Gott versunken ist und einen von allen niederen Wünschen weg zum statischen, unveränderlichen und formlosen Aspekt Gottes führt. Indem man sich vollständig von der Ebene des Körpers, des Geistes und der Sinne und deren Kontakt mit der Außenwelt zurückzieht, gelangt man in einen tranceartigen Zustand, der *Nirvikalpa Samadhi* genannt wird. Nachdem man diesen *Samadhi* erfahren hat, sind alle Wünsche zerstört. Man sieht nun das ganze Universum als die Manifestation der Wahrheit, die man während *Nirvikalpa Samadhi* erkannt hat.‘

Vater: ‚Die Menschen sagen, die ganze Natur sei die Manifestation Gottes, aber sie geben auch zu, dass sie den statischen Aspekt der Wahrheit nicht erfahren haben. Ist das möglich?‘

Ramdas: ‚Nein. Solange man nicht zuerst den statischen Aspekt erfährt, kann man die Welt nicht als die Manifestation der Wahrheit sehen.'

Pater: ‚Jesus ist als Gott anerkannt. Welchen Unterschied gibt es zwischen Jesus und anderen Heiligen?'

Ramdas: ‚Es ist wie das Wasser in einem Brunnen und das eines Flusses bei Hochwasser. Das Wasser in einem Brunnen wird nur von einigen wenigen Menschen an einem Ort genutzt, während das Flusswasser bei Überschwemmungen ein größeres Gebiet erreicht und eine große Anzahl von Menschen versorgt. Heilige sind wie Brunnenwasser, und Inkarnationen wie Jesus sind wie ein Fluss bei Hochwasser.'

Vater: ‚Der Unterschied liegt also nur in der Menge?'

Ramdas: ‚Ja. Er ist quantitativ und nicht qualitativ.'

Eines schönen morgens machten wir uns zusammen mit Jean Herbert und Pater Conus auf den Weg zu einem Kloster, das etwa 150 Meilen von Genf entfernt war.

Der Abt, eine stämmige Person mit einem spirituellen Glanz im Gesicht, empfing uns mit Liebe und Gastfreundschaft. Er brachte uns in einen Raum am Eingang, wo wir unser Mittagessen einnahmen. Dann führte der Abt mit seinen Gehilfen und Pater Conus ein Gespräch mit Ramdas über Gnade. Sie hörten Ramdas mit großer Aufmerksamkeit zu und drückten ihre Zufriedenheit darüber aus, dass das, was er sagte, genau mit den Schriften der römisch-katholischen Heiligen übereinstimmte. Ramdas fühlte sich in ihrer Gesellschaft überaus glücklich. Er kann hier kurz einige Punkte wiedergeben, die im Laufe des Gesprächs angesprochen wurden.

Abt: ‚Ich würde gerne aus deiner Erfahrung wissen, ob es möglich ist, frei von allen Leidenschaften zu sein, und wenn ja, wie.'

Ramdas: ‚Es ist möglich, frei von Leidenschaften zu sein. Wenn du dich durch die Gnade Gottes ständig und ununterbrochen an Ihn erinnerst, wird dein Geist absolut rein und frei von allen Leidenschaften. Der Geist ist dann wie der eines Kindes, arglos und unschuldig. Er wird niemals durch den Kontakt mit äußeren Objekten beeinträchtigt, wenn das Licht Gottes in alle Teile deines Wesens eindringt, sowohl mental als auch physisch. Dies ist die absolute Reinheit, die du durch die Gnade Gottes erlangst. Die Disziplin, der du dich unterwirfst, geschieht allein durch Gottes Willen und nicht durch deinen Willen oder deinen Entschluss.'

Abt: ‚Das stimmt völlig mit unserem Glauben überein. Ich möchte eine andere Frage stellen. Wenn ein Mensch sich ernsthaft bemüht, sich zu läutern, wird es dann lange dauern, bis er die Läuterung erlangt?'

Ramdas: ‚Nicht nur das. Wenn er sich bemüht, sich selbst zu disziplinieren, um die Läuterung durch seinen eigenen Willen zu erreichen, ohne die göttliche Gnade um Hilfe zu bitten, wird sein Kampf vergeblich sein, wie lang er auch sein mag. Im Endzustand, wenn Gottes Gnade ihn vollständig erleuchtet, lebt er immer in der Gegenwart Gottes, und kein unheiliger Gedanke kann jemals in seinen Geist eindringen. Ramdas kann sagen, dass er von Natur aus rein bleibt, ohne jegliche Disziplin, wenn die Gnade Gottes ihn vollständig verwandelt hat. Da der Gottesgedanke in seinen Geist eingeprägt wurde, wird er danach niemals von Dunkelheit umhüllt und den daraus entstehenden Begierden unterworfen sein.'

Abt: ‚Heißt das, dass ein Mensch, nachdem er eine bestimmte Stufe erreicht hat, wieder zu fallen droht? In der christlichen Lehre heißt es, es bestehe immer die Gefahr, dass man die Gnade vergisst und das Ego verherrlicht.'

Ramdas: ‚Ramdas hat diese Frage vorweggenommen. Wenn du dich Gott hingegeben hast und durch Seine Gnade ganz Sein geworden bist, fühlst du dich unter Seinem Schutz sicher, und Er versichert dir, dass Er niemals zulassen wird, dass du fällst. Gott wird dich in all Seiner Barmherzigkeit auf Schritt und Tritt in deinem Leben beschützen. Wenn es Versuchungen gibt, wird Er dafür sorgen, dass du ihnen nicht verfällst. Seine Schutzmacht ist so groß, dass ein Sturz unwahrscheinlich ist, wenn du dich Ihm ausgeliefert und Ihn zu deinem Ein und Alles, zu deiner einzigen Zuflucht gemacht hast. Gott beschützt dich, wie eine Mutter ihr Kind beschützt.'

Abt: ‚Gibt es Fälle, in denen Heilige gefallen und wieder aufgestanden sind? Wir kennen christliche Heilige, die gefallen sind.'

Ramdas: ‚Heilige sind gottverwirklichte Personen, und deshalb können sie nicht fallen. Aber diejenigen, die nur eine bestimmte Stufe erreicht, nicht die volle Verwirklichung des Göttlichen erlangt und sich nicht vollständig Seinem Willen ergeben haben, werden wahrscheinlich fallen. Das bedeutet nicht, dass Gott einem solchen Menschen Seine Gnade entzieht, sondern dieser zieht sich selbst von der Gnade zurück. Die Gnade strömt ständig auf uns alle ein. Aber wir müssen uns ihrer voll bewusst sein. Manchmal sind wir uns dessen bewusst und empfangen die Gnade, aber zu anderen Zeiten hindern uns bestimmte Umstände daran, die Gnade anzunehmen, und infolgedessen fallen wir.'

Bevor wir das Kloster verließen, trafen wir uns alle draußen bei unseren Autos. Das errötete und strahlende Gesicht des Abtes spiegelte den tiefen Frieden seines Herzens wider. Und auch Ramdas befand sich in einem Zustand ungewohnter Ekstase. Die Verabschiedung war rührend. Dann fuhren wir mit dem Auto zurück zu Jean Herberts wunderschöner Villa in Genf."[1]

---

[1] ders., S. 31-36

Einige Gespräche, die Ramdas mit den Besuchern in Genf führte:

„F: ‚Bitte erkläre uns, wie man Gott liebt.'

Ramdas: ‚Wahrhaftig, es geht nicht darum, dass wir Gott lieben müssen, sondern darum, dass wir wissen, dass Gott, der Liebe ist, in unseren Herzen wohnt. Indem wir uns dieser großen Liebe in uns hingeben, werden wir Verkörperungen dieser Liebe. Wenn wir durch ständiges Erinnern und Meditieren Seine Gegenwart in uns erkennen, wird unser Leben rein und von Seinem Licht und Seiner Liebe erleuchtet sein. Dann strahlt die Liebe durch uns hindurch, und wir sehen mit Liebe, sprechen mit Liebe, geben mit Liebe, empfangen mit Liebe, gehen und handeln auf alle möglichen Arten mit nichts als Liebe. Wir werden zu Ebenbildern der Liebe.'

F: ‚Sagst du, dass der Guru Gott ist?'

Ramdas: ‚Die Bedeutung des Wortes Guru ist Vertreiber der Dunkelheit oder Spender des Lichts. Der Guru ist die Verkörperung Gottes auf der Erde, um die Seelen aus der Dunkelheit zu befreien und ihnen Licht zu bringen. Der Guru ist ein Erwecker und ein Retter.'

F: ‚Wie kann ein Europäer am besten versuchen, inmitten des verworrenen Lebens und Treibens in Europa die notwendigen Voraussetzungen für das *Japa-Yoga* zu erfüllen?'

Ramdas: ‚Wenn wir uns auf Gott verlassen, ist alles möglich. Die Bedingungen, die in Europa herrschen, sind mehr oder weniger die gleichen wie in anderen Teilen der Welt, was das spirituelle Leben betrifft. Es sind nicht die äußeren Bedingungen, die uns davon abhalten, Gott zu verwirklichen, sondern unser eigener Geist.'

F: ‚Swami, ich habe früher nie an Gott oder Religion geglaubt. Aber jetzt glaube ich. Da ich keiner Kirche oder Religion angehörte, kann ich jetzt in keine Kirche gehen.'

Ramdas: ‚Es ist nicht nötig, dass man in eine Kirche geht, wenn man nicht in der Lage ist, dies zu tun. Gott wohnt in deinem Herzen. Bete Ihn dort an. Wenn du Ihn in deinem Herzen und überall findest, wirst du erkennen, dass das ganze Universum Seine Manifestation ist. Was immer du tust, ist Seine Anbetung und Sein Dienst.'

F: ‚Muss Gott die Wünsche aller erfüllen?'

Ramdas: ‚Der sich verändernde Geist des Menschen kann nicht dauerhaft mit irgendeiner materiellen Sache zufrieden sein. Was er zu einer Zeit mag, mag er zu einer anderen Zeit nicht. Was er jetzt will, will er das nächste Mal nicht mehr. Der einzige Weg für einen Menschen, immer glücklich zu sein, ist, sich dem Willen Gottes zu unterwerfen und alles Ihm zu überlassen und in dem Zustand zufrieden zu sein, in den Er ihn versetzt. Indem wir die Umstände ändern, können wir kein wirkliches Glück erlangen.'

F: ‚Das bedeutet, dass wir unsere innere Einstellung ändern müssen.'

Ramdas: ‚Das ist genau das, was nötig ist. Äußerlich geschehen alle Dinge so, wie Er es will. Die Unterwerfung unter Ihn ist der einzige Weg. Unterwerfung bedeutet innere Zufriedenheit und Frieden.'

F: ‚Sollten wir zu Gott beten?'

Ramdas: ‚Ja, wir müssen beten, jeder von uns. Das Gebet ist der einzige Weg, durch den wir mit Gott in Kontakt bleiben können, indem wir einen Kanal zwischen uns und Ihm öffnen. Das Gebet ist das Mittel, um Seine Kraft, Sein Licht, Seine Herrlichkeit und Seine Reinheit in uns fließen zu lassen.'

F: ‚Was ist das Wichtigste auf dem Weg zu Gott?'

Ramdas: ‚Ramdas wird euch vom Weg erzählen, der die Seele zu Gott führt. Das Erste, was nötig ist, ist Gnade. Es ist die Gnade, die bewirkt, dass wir uns nach Gott sehnen. Die

Sehnsucht nach Gott entwickelt sich zur ständigen Erinnerung an Ihn, und die ständige Erinnerung an Ihn gibt uns die Schau von Ihm, die Erfahrung von Ihm. Diese Erfahrung bringt uns die Liebe zu Ihm von ganzem Herzen, und diese Liebe befähigt uns, Ihn – unseren Geliebten – überall zu sehen, innen und außen. Dies ist die letzte Stufe, auf der die Seele das Ziel erreicht und vollständigen Frieden, Glückseligkeit und Freiheit findet.'

F: ‚Gibt es einen Unterschied zwischen Buddha-Bewusstsein und Christus-Bewusstsein?'

Ramdas: ‚Ramdas sieht keinen Unterschied zwischen den beiden, außer in den Namen. Das eine wird Buddha-Bewusstsein und das andere Christus-Bewusstsein genannt. Buddha und Christus sind große Persönlichkeiten, die gekommen sind, um die Menschheit zu lehren, wie man dieses Bewusstsein erreicht, das in der Erfahrung beider dasselbe ist.'

F: ‚Können Dogmen als Gegensätze zur wahren Spiritualität betrachtet werden? Ich meine Rituale, Zeremonien und Doktrinen.'

Ramdas: ‚Wenn sie hilfreich sind, um die Spiritualität zu erreichen, sollten sie eingehalten werden. Wenn sie es nicht sind, sollten sie aufgegeben werden. Alles, was die Schriften vorschreiben, kann getan werden, vorausgesetzt, es führt uns zu Gott und macht unser Leben rein, sodass Gottes Licht sich in uns spiegelt, sich in uns offenbart. Unser Kampf sollte keine Show sein. Wir müssen von ganzem Herzen ernsthaft sein.'

F: ‚Können wir sagen, dass die Seele einen Anfang hatte und von Gott erschaffen wurde, oder hat sie immer schon existiert?'

Ramdas: ‚Die Seele ist Gott. Das bedeutet, dass sie immer existiert und niemals geboren wird.'

F: ‚Was ist der Unterschied zwischen denen, die Gott verwirklichen, und Gott, der als Inkarnation auf die Welt herabsteigt?'

Ramdas: ‚Die Menschen mühen sich auf dem Pfad der Gottverwirklichung in ihrem unwissenden Stadium ab und werden Heilige, wenn sie Gott erreichen, wohingegen Gott, der als *Avatar* eine menschliche Form annimmt, überhaupt nicht in der Unwissenheit gefangen ist und daher nicht kämpfen muss, um Wissen zu erlangen.‘

F: ‚Wenn wir bestimmte Menschen lieben, sollten wir dann den Wunsch haben, dass sie sich ändern, oder sollten wir es ohne jeglichen Wunsch tun?‘

Ramdas: ‚Wir müssen ihnen Liebe um der Liebe willen geben.‘

F: ‚Es gab einen katholischen Heiligen, der Gott tadelte, wann immer er dazu verleitet wurde, etwas Schlechtes zu tun, und die ganze Schuld auf Ihn schob.‘

Ramdas: ‚Das zeigt, wie groß seine Liebe zu Gott und seine Abhängigkeit von Ihm ist. Zunächst einmal erkennt er, dass es einen Gott gibt, der uns beschützen kann. Mit dieser Gewissheit tadelt er Ihn als Nächstes: „Oh Gott, warum hast Du mich nicht auf die richtige Weise handeln lassen, warum hast Du mir erlaubt, auf dem falschen Weg zu wandeln?“‘

F: ‚Wie können wir jemandem helfen, durch spirituelle Mittel körperlich geheilt zu werden?‘

Ramdas: ‚Das sollte nicht das Ziel der Spiritualität sein. Das Ziel der Spiritualität ist es, uns in das göttliche Bewusstsein zu erheben. Danach benutzt Gott uns als Sein Instrument, um die körperlichen Leiden anderer zu heilen, wenn Er das will. Aber spirituelle Kräfte zu kultivieren mit dem alleinigen Ziel, körperliche Krankheiten von Freunden oder Nachbarn zu heilen, scheint nicht der richtige Weg zu sein. Heilen wir uns selbst von innen, heilen wir unseren Geist und machen wir ihn göttlich. Das ist das Erste, was wir erreichen müssen, damit unsere Liebe zu unserem Nächsten wirklich rein und selbstlos ist. Andernfalls werden wir versuchen, die Krankheiten anderer mit irgendwelchen Motiven zu heilen, die nicht wünschenswert sind.'

F: ‚Wie können wir wissen, dass wir Gnade empfangen haben?'

Ramdas: ‚Sobald die Gnade zu uns kommt, werden wir uns ihrer bewusst. Unser Herz wird vollkommen rein, und wir können niemandem böse sein. Wir werden überfließen vor Liebe zu allen Wesen auf der Erde. Wir werden in uns eine seltene Freude erfahren, die wir nie zuvor erlebt haben.'

F: ‚Wird die gesamte Menschheit eines Tages durch die Evolution den Zustand des Überbewusstseins erreichen?'

Ramdas: ‚Das ist unser Gebet zu Gott.'

F: ‚Geschieht das nicht unweigerlich durch Reinkarnation?'

Ramdas: ‚Allein die Tatsache, dass ein Mensch wiedergeboren wird, bedeutet nicht, dass er sich weiterentwickelt. Aber wir sind alle auf dem Weg, der zur endgültigen Befreiung führt. Jeder muss früher oder später diesen höchsten Zustand der Befreiung erreichen. Der eine mag ihn früher erreichen, der andere später, aber jeder wird letztendlich dieses Ziel erreichen. Es ist unausweichlich.‘“[1]

Ramdas und seine Gruppe reisten weiter nach Deutschland. Er kam nach Frankfurt, Reutlingen, wo er K.O. Schmidt, einen Anhänger der Neugeist-Bewegung traf, und München.

In Frankfurt weihte Ramdas einen Mann ins Jesusgebet ein. Ramdas berichtet:

„Wir bereiteten uns darauf vor, das Hotel am Morgen zu verlassen. Als wir in der Lobby auf das Taxi warteten, das uns zum Bahnhof bringen sollte, kam ein Freund eilig zu uns und sagte, er wolle dringend Ramdas treffen. Er war in heller Aufregung.

---

[1] ders., S. 46-51

Nachdem er erfahren hatte, wer Ramdas war, bat er ihn, ihn in den Namen Gottes einzuweihen. Ramdas führte ihn in einen leeren Raum in der Lobby. Ramdas setzte sich auf einen Stuhl, während dieser Freund stehen blieb. Er erzählte Ramdas, dass er aus der Schweiz käme, wo er einige Verehrer aus Lausanne getroffen habe, die an den Treffen in Genf teilgenommen hatten. Als er von ihnen von Ramdas hörte, wollte er ihn unbedingt treffen und in den göttlichen Namen eingeweiht werden. Ramdas fragte ihn, welchen Namen er wolle. Er sagte, er würde gern den Namen von Jesus erhalten. Ramdas stimmte zu. Er kniete nieder, und Ramdas flüsterte ihm dreimal den Namen Jesus zu. Während er den Namen wiederholte, zitterte er und war von einer seltsamen Verzückung ergriffen. Seine Augen waren feucht und sein Gesicht gerötet, was ein Zeichen dafür war, dass reine Gefühle der Liebe und Hingabe in ihm aufstiegen. Er blieb nicht lange. Nachdem er bekommen hatte, was er wollte, verabschiedete er sich von uns und reiste ab."[1]

Von Reutlingen aus reiste die Gruppe nach München. Bei einem Treffen dort:

F: „Bekommen wir die Gnade Gottes durch Verdienst?"

Ramdas: „Seine Gnade kommt, ohne dass wir sie verdient haben. Wir können keine Gnade aufgrund unseres sogenannten Verdienstes erhalten. Die schlimmsten Sünder haben Gnade erhalten und sind rein und herrlich geworden."

F: „Einige westliche Kreise glauben, dass wir unsere Religion notfalls mit Kriegswaffen verteidigen müssen."

Ramdas: „Das ist keine korrekte Ansicht. Man kann das Christentum nicht verteidigen, indem man andere tötet. Das entspricht nicht der Lehre Christi, der für Gewaltlosigkeit stand.

---

[1] ders., S. 56 f.

Wenn seine Anhänger seinen Lehren zuwiderhandeln, verraten sie ihn nur und begehen Unrecht."[1]

Bei einem anderen Treffen:

F: „Der Buddhismus gründet sich völlig auf das Gesetz des *Karmas*. Gestern sprachst du über die Gnade des Göttlichen. Wie kann es göttliche Gnade geben, wenn es *Karma* gibt, das abgearbeitet werden muss?"

Ramdas: „Gott macht das Gesetz des *Karmas*, und wenn Gott das Gesetz nicht aufheben könnte, wäre das Gesetz größer als Gott. Das kann nicht sein. Also muss Er die Macht haben, es aufzuheben. Der König erlässt das Gesetz, dass ein Mann, der einen Mord begeht, mit dem Tod bestraft wird. Der König hat aber auch die Macht, ihn zu begnadigen. Das Gesetz, das er macht, kann nicht größer sein als er. Im Allgemeinen mischt sich Gott nicht ein. Er lässt das *Karma* sich erfüllen. In besonderen Fällen kann Er über Sein Gesetz hinausgehen und durch Seine Gnade die Seele von den Fesseln des *Karmas* befreien."[2]

Heinrich Reblitz, ein junger Mann, besuchte Ramdas in dessen Zimmer im Hotel und erbat von ihm die Einweihung in *Sannyas*.

Ramdas: „Um ein Swami zu werden, musst du die Einweihung von einem anderen Swami erhalten, der dir das Mantra, das ockerfarbene Tuch und den Namen geben wird. Auch einige andere Formalitäten müssen erledigt werden. Ramdas schlägt vor, dass du Swami Omkar bittest, dich einzuweihen."

Reblitz: „Das wird nur möglich sein, wenn ich nach Indien gehe. Kann Swami Ramdas mich nicht schon jetzt einweihen?"

Ramdas: „Ramdas gibt niemandem formell *Sannyas*, da er es selbst von niemandem genommen hat. Natürlich gibt er denen, die sich an ihn wenden, seine Erlaubnis, wenn er sie für

---

[1] ders., S. 64 f.
[2] ders., S. 66 f.

Sannyas geeignet hält. Dann gibt er ihnen auch den neuen Namen und das ockerfarbene Tuch mit seinen Segnungen. Das ist alles, was er tut. Swami Satchidananda hat es nur auf diese Weise von Ramdas erhalten."

Reblitz: „Kann Swami Ramdas nicht dasselbe für mich tun? Ich werde alles, was ich bisher als *Sadhana* gemacht habe, aufgeben, wenn es nötig ist, und dem folgen, was du mir aufträgst."

Ramdas: „Wer wird sich um deine Mutter kümmern, wenn du *Sannyas* nimmst? Ist sie damit einverstanden?"

Reblitz: „Ja, sie weiß, dass ich ein Swami sein werde. Es gibt andere, die sich um sie kümmern."

Ramdas: „Was Ramdas von dir will, ist, dass du von nun an alles, was du tust, nur noch für Gott und Gott allein tust. Du solltet nichts tun, was Lügen und krumme Methoden beinhalten könnte. Dein Handeln muss absolut ehrlich sein. Was ist dein Beruf?"

Reblitz: „Ich male Bilder und arbeite in Gärten oder auf Bauernhöfen."

Ramdas: „Was immer du tust und was immer du verdienst, musst du im Dienst der Armen und Leidenden um dich herum tun. Diene deiner Mutter und diene anderen, die in Not sind. Wiederhole das Mantra, das Ramdas dir gibt: ‚Om Sri Ram Jai Ram Jai Jai Ram‘. Dies kann leise oder laut wiederholt werden, aber es muss konstant sein."[1]

Danach reiste die Gruppe nach Frankreich und besuchte u.a. die Ramakrishna-Mission in Gretz, deren Leiter Swami Siddheswarananda war.

„Auf die Frage, ob Gott persönlich oder unpersönlich ist, antwortete Ramdas, dass Gott gleichzeitig persönlich und un-

---

[1] ders., S. 67-70

persönlich ist. Man kann Ihn als alles und in allem im Universum sehen. Gleichzeitig unterhält man eine enge Beziehung zu Ihm in Seinem persönlichen Aspekt. Er wird zu deinem ständigen Begleiter. Du kannst mit Ihm reden, du kannst mit Ihm spielen und du kannst sogar mit Ihm scherzen. Er wird vertraut mit dir sein. Er wird dich auf vielerlei Weise beschützen und auf geheimnisvolle Weise für dich sorgen. Das gilt nicht nur für einen bestimmten Verehrer, sondern für alle Verehrer in allen Teilen der Welt, die Ihm vollständig ihr Leben übergeben haben. In solchen Fällen gewährt Er den Verehrern Seine universelle Schau und bleibt dennoch ihr ständiger Begleiter. Er ist also eine unpersönliche Person, das heißt, Er ist nicht nur die alles durchdringende, namenlose und formlose Wirklichkeit, sondern Er ist auch alles, was Namen und Formen hat. Als dein ständiger Begleiter führt Er dich und kümmert sich um dich, so wie eine Mutter sich um ihr Kind kümmert. Du spürst Seinen Schutz in jedem Augenblick deines Lebens auf eine seltsame Weise. Du kannst mit Ihm sprechen und Ihn als deinen Vater, deine Mutter, deinen Kameraden oder deinen Meister ansehen. Wie das möglich ist, ist sehr schwer zu beschreiben. Ramdas möchte dir sagen, wie das möglich ist, aber es ist sehr schwer."[1]

„Jetzt wird Ramdas ein paar Worte über die Gnade sagen. Ohne Gnade kann nichts von uns getan werden. Viele Menschen denken, dass wir alles aus eigenem Willen und eigener Kraft tun. Das ist völlig falsch. Es ist allein die göttliche Gnade, es ist allein die göttliche Kraft, die dafür verantwortlich ist, dass wir alles tun. Da wir nicht wissen, dass die göttliche Gnade durch uns wirkt, und wir denken, dass wir alles selbst tun, werden alle unsere Handlungen, Gedanken und Gefühle verunreinigt. Wenn wir den Ego-Sinn in uns ausräumen und Gottes Licht und Kraft in uns fließen, wird uns bewusst, dass die göttliche Kraft

---

[1] ders. S. 79 f.

für all unsere Bewegungen und Handlungen verantwortlich ist. Unser Geist wendet sich Gott zu, allein durch Seine Gnade."[1]

F: „Es wird uns geraten, *Japa* nicht als strenge und grimmige Pflicht zu praktizieren."

Ramdas: „Was du sagst, ist wahr. *Japa* muss mit intensiver Liebe und Hingabe für das Objekt deiner Verehrung, d.h. Gott, ausgeführt werden. *Japa* wird spontan und gibt dir sprudelnde Freude in deinem Herzen, wenn du es weiter fortführst. Du solltest es nicht als eine Disziplin tun, die dir von jemand anderem auferlegt wird. Wenn du keine Freude daran hast, *Japa* zu machen, solltest du es lieber lassen, denn es wird dir nicht helfen. Wenn du Liebe zu Gott empfindest, muss *Japa* dir große Freude bereiten. Deshalb sagen die Mystiker, dass die Wiederholung von Gottes Namen ihnen Ekstase verleiht, eine unbeschreibliche Süße und Freude. Das zeigt, dass es nicht nur eine mechanische Wiederholung ist, die uns hilft, sondern ein spontanes Ausströmen unserer Liebe zu Gott zusammen mit der Wiederholung Seines Namens."

F: „Welche Bedeutung hat die Selbsthingabe auf dem spirituellen Weg?"

Ramdas: „Selbsthingabe bedeutet das Aufgeben des Ego-Sinns. Solange der Ego-Sinn nicht vollständig beseitigt ist, können wir Gott nicht erkennen. Der Ego-Sinn ist ein Schutzschild zwischen uns und Gott. Wenn du das Schutzschild entfernst, weißt du, dass du Er bist."

F: „Können wir spüren, dass Gott alles tut, auch wenn wir nicht moralisch handeln?"

Ramdas: „Wir können nicht unmoralisch handeln, wenn wir wissen, dass Gott uns alles tun lässt."

---

[1] ders., S. 80

F: „Gilt die Gnade für alle Menschen, oder sind einige mehr als andere privilegiert, sie zu erhalten?"

Ramdas: „Die Gnade strömt auf uns alle gleichermaßen ein. Einige erhalten sie und andere nicht. Wie Ramdas an anderer Stelle erwähnte, öffnen manche Menschen die Fenster ihres Herzens, um Gnade zu empfangen, während andere sie geschlossen halten und sie nicht bekommen. Aber selbst um die Fenster des Herzens offen zu halten, bedarf es eines inneren Strebens und einer Sehnsucht, und diese Sehnsucht kann uns nur durch die Freundlichkeit und Gnade Gottes zuteilwerden."

F: „Kannst du uns sagen, was genau der Guru ist?"

Ramdas: „Ein Guru ist ein spiritueller Führer. So wie ihr einen Lehrer braucht, der euch Kunst und Wissenschaft in Bezug auf die Welt der Natur um euch herum lehrt, braucht ihr einen Führer auf dem spirituellen Pfad. So wie ein Professor in dem Fach, das er lehrt, qualifiziert sein sollte, so muss auch der spirituelle Führer qualifiziert sein, um euch zu führen. Er muss in der Wissenschaft der Spiritualität vollkommen sein, was bedeutet, dass er die Verwirklichung Gottes erlangt haben muss. Wenn du einen solchen Führer hast, kannst du dich getrost seinen Händen anvertrauen, und du kannst sicher sein, dass du auf dem Pfad ohne Hindernisse vorankommst, vorausgesetzt, dein Bestreben ist intensiv und du folgst seiner Führung. Die Bedeutung des Wortes ‚Guru' ist ‚Vertreiber der Dunkelheit'. Im Zustand der Unwissenheit ist dein Herz mit Dunkelheit erfüllt, da du Gott nicht kennst. Du leugnest Gott und nimmst Seine Existenz überhaupt nicht zur Kenntnis, noch suchst du Ihn. Aber der Guru erweckt in dir den Glauben an Gott und führt dich auf den Weg, damit du Ihn schließlich erreichst. Die Arbeit des Gurus besteht also darin, das Gottesbewusstsein in dir zu wecken und dich zu Ihm zu führen."

F: „Kann man die tägliche Arbeit mit dem spirituellen Leben verbinden?"

Ramdas: „Vorausgesetzt, die Arbeit wird selbstlos und in einem Geist der Hingabe an Gott verrichtet."

F: „Ich nehme an, dann wird die Arbeit selbst zu unserer spirituellen Disziplin."

Ramdas: „Ja, dann wird die Arbeit zur Anbetung. Die *Bhagavad Gita* beschreibt dies als *Nishkama Karma*, was wunschloses, selbstloses Handeln bedeutet."

F: „Wenn du mit Menschen in Kontakt kommst, die sehr arm sind, solltest du ihnen dann nicht zuerst etwas zu essen geben und dann erst mit ihnen über Gott sprechen?"

Ramdas: „Natürlich sollte man zuerst ihren Hunger stillen und erst dann mit ihnen über Gott sprechen, wenn sie daran interessiert sind. Wenn du anfängst, über Gott zu sprechen, wenn sie hungrig sind, werden sie dir nicht zuhören, sondern weggehen."

F: „Wenn wir mit jemandem zusammenleben, der ein schrecklicher Pessimist ist, und es uns nicht gelingt, irgendetwas bei ihm zu erreichen, ist es dann in Ordnung, wenn wir eine Weile weggehen, bevor wir es wieder versuchen?"

Ramdas: „Ja, es ist besser, für eine Weile wegzugehen, um dich mit größerer spiritueller Kraft aufzuladen, damit du, wenn du deinen pessimistischen Freund das nächste Mal triffst, ihn durch deinen Einfluss ändern kannst. Wenn deine spirituelle Kraft nicht ausreicht, ist es sehr wahrscheinlich, dass sein pessimistischer Einfluss auf dich wirkt und du ebenfalls zum Pessimisten wirst."

F: „Kann man etwas für eine Mutter tun, die über den Tod eines ihrer Kinder nicht hinwegkommt? Ich habe solche Fälle gesehen, in denen sich Mütter nach dem Verlust eines ihrer Kinder nie wieder erholt haben."

Ramdas: „Das ist es, was Ramdas in einigen Fällen auch beobachtet hat. Sie können den Verlust nicht vergessen. Es gibt jedoch einen Weg, und der besteht darin, sie in einem Dienst zu halten, einem selbstlosen Dienst, der zum Wohle anderer geleistet wird. Durch diesen Dienst wird die Mutter ihren Kummer weitgehend vergessen, auch wenn er nicht völlig ausgelöscht werden kann."

F: „Wie können wir aus *Viraha*, der Qual der Trennung von Gott, herauskommen, wenn wir uns in ihr befinden?"

Ramdas: „Indem wir uns Gott hingeben."

F: „Wenn wir aber zu dieser Zeit den Glauben verloren haben?"

Ramdas: „Dann wende dich an einen Heiligen. Suche die Gesellschaft einer fortgeschrittenen Seele, vorzugsweise einer, die Gott erkannt hat. Die Gesellschaft einer solchen Seele wird es dir ermöglichen, dich aus deiner Niedergeschlagenheit zu erheben, und du wirst durch Seine Gnade und Hilfe die Wiedervereinigung mit Gott finden."

F: „Gibt es viele solcher Seelen?"

Ramdas: „Suchet, und ihr werdet finden. Strebt danach, und ihr werdet es bekommen."

F: „Wenn wir tatsächlich mit dem Leiden anderer mitfühlen, kann das denen helfen, die leiden?"

Ramdas: „Indem wir mit ihnen mitfühlen, das Leiden mit ihnen teilen, können wir ihnen bis zu einem gewissen Grad Erleichterung verschaffen, aber der bessere Weg ist, es zu lindern, indem wir konkrete Hilfe leisten."

F: „Ist es unter den modernen Lebensbedingungen möglich, immer an Gott zu denken?"

Ramdas: „Es ist durchaus möglich, wenn wir wirklich nach Gott streben und uns bemühen, Ihn immer in unseren Gedanken zu behalten. Ein Beispiel für jemanden, der das getan hat, sitzt vor euch. Er gehört der modernen Zeit an und nicht der Vergangenheit."

F: „Entwickeln wir eine zu starke persönliche Bindung an dich? Wenn ja, wie können wir das verhindern?"

Ramdas: „Ihr braucht es nicht zu verhindern. Ihr könnt Ramdas zu einem Sprungbrett machen, um zum höheren Bewusstsein aufzusteigen, das das wahre Bewusstsein ist. Ihr könnt euch mit seiner Form verbinden und durch diese Form das Formlose erreichen. Sehr oft brauchen wir eine Stütze, um auf dem Pfad zu gehen. Nachdem wir genügend Kraft gewonnen haben, können wir diese Stütze abwerfen und aus eigener Kraft gehen. Wir brauchen eine Leiter, um eine bestimmte Höhe zu erreichen, und wenn wir dort angekommen sind, brauchen wir die Leiter nicht mehr. Wenn du also an Ramdas' Form hängst, dann lass diese Form eine Hilfe für dich sein, um dich über alle Formen zu erheben."

F: „Welche Beziehung besteht zwischen Hoffnung und Glauben?"

Ramdas: „Ramdas erinnert sich, dass er ein Buch mit dem Titel ‚Die größte Sache der Welt' gelesen hat. Der Anfang dieses Buches lautet: ‚Was ist das Größte – Glaube, Hoffnung oder Liebe? Die Liebe ist das Größte.' Ramdas stimmt dem zu."[1]

Die Gruppe reiste weiter nach Belgien, Holland und England. Ramdas besuchte Miltons Cottage in Chalfort St. Giles und Shakespeares Geburtshaus in Statford-upon Avon. Da er die englische Literatur, v.a. Shakespeare, liebte, war dies für ihn etwas Besonderes. Überall traf er spirituelle Persönlichkeiten aus allen Traditionen, wie etwa den Sufi-Heiligen Frithjof Schuon.

Von England aus flog die Gruppe in die USA, wo sie New York, St. Paul, Seattle, San Francisco und Los Angeles besuchten. In San Francisco traf er Alan Watts und Dr. Frederic Spiegelberg.

---

[1] ders., S. 82-86

Bei einem Treffen:

F: „Was sagst du über die Technik, um die Gegenwart Gottes immer zu spüren?"

Ramdas: „Du sitzt schweigend da und bemühst dich, alle Gedanken aufzulösen. Das mag dir sehr schwerfallen. Manche Gedanken kommen und gehen. Deshalb ist es besser, einen Gedanken zu haben und alle anderen Gedanken auszuschließen. Nach einiger Zeit, wenn du in der Lage bist, nur einen Gedanken im Geist zu behalten, musst du versuchen, auch diesen aufzulösen. Wenn dieser Gedanke aufgelöst ist, ist dein Geist vollkommen ruhig und frei von allen Gedanken. Sitze still und beobachte den Geist. Wisse, dass Namen und Formen transzendiert werden müssen. Akzeptiere den ewigen Geist, der in dir wohnt. Dann wirst du in der Lage sein, die Gegenwart Gottes immer zu erkennen."[1]

„Wenn wir gut sind, ist die ganze Welt gut zu uns. Wenn wir schlecht sind, ist die ganze Welt schlecht zu uns. Jeder Mensch hat einige gute Seiten. Wir sollten nur die guten Seiten sehen. Wenn wir die schlechten Seiten sehen wollen, sollten wir sie in uns selbst sehen. Wenn wir das tun, werden wir im Laufe der Zeit feststellen, dass das Schlechte in uns verschwindet. Wenn wir das Böse in anderen sehen und das Gute in uns, wird das Gute in uns verschwinden und das Böse in uns wachsen. Wir verurteilen, kritisieren und denken schlecht über so viele Menschen auf der Welt. Dadurch machen wir unseren Geist nur immer unreiner. Der Weg zum Fortschritt besteht also darin, die guten Seiten in jedem zu sehen und jeden zu lieben. Was das Böse in uns angeht – Ego-Sinn, Begierden und so weiter – müssen wir Buße tun und zu Gott um ihre Beseitigung beten. Das Gute in anderen zu sehen bedeutet, Gott in ihnen zu sehen, denn Gott allein ist gut. Indem wir Gott in anderen sehen, werden

---

[1] ders., S. 139

105

wir Gott in unserem eigenen Herzen erkennen. Solange wir andere kritisieren, werden wir niemals Gott in ihnen sehen.

Wir sagen, die Menschen mögen uns nicht. Das ist so, weil wir keine Liebe für sie haben. Wenn wir sie lieben, fließt ihre Liebe automatisch zu uns. Wenn ihre Liebe zu uns kommt und unsere Liebe zu ihnen, vermischen sich beide und schaffen ein Meer der Freude. Es ist kein Feilschen. Es ist nur ein spontanes Ausströmen unserer Liebe, die mit der Liebe aller Wesen verschmilzt, die auf dem Einssein des Geistes beruht."

F: „Was ist der freie Wille, und wie steht er zum göttlichen Willen in Beziehung?"

Ramdas: „In Wirklichkeit hat der Mensch keinen freien Willen. Es gibt nur einen göttlichen Willen, der überall wirkt. Es ist ein Irrtum zu glauben, dass wir als Individuen irgendeine Macht haben, etwas zu tun. Gott steht hinter der Entstehung, dem Wachstum und der Zerstörung aller Dinge. Es ist Seine einzige Macht, die all diese Dinge im Universum bewirkt. Wenn wir uns dieser Macht unterwerfen und wissen, dass sie in uns aktiv ist, werden wir schnell frei vom Ego-Sinn und erkennen, dass wir der unendliche, unsterbliche, alles durchdringende, universelle Geist und die Wahrheit sind. Zu wissen, dass wir dieser Geist sind, bedeutet, in Gott zu leben. Das ist Spiritualität."

F: „Warum sollten wir erneut die dunkle Nacht der Seele erfahren, wenn wir einmal Gott erlebt haben?"

Ramdas: „Das gilt für alle spirituellen Aspiranten und Verehrer. Die Erfahrung, von der du sprichst, ist nur ein flüchtiger Blick auf das Göttliche und nicht die volle Erfahrung, von der es keinen Absturz gibt. Was wir brauchen, ist Gnade, um uns immer wach zu halten, um uns über den dunklen Wassern dieser Welt zu halten, in denen wir jeden Augenblick ertrinken. Nur die Gnade Gottes kann uns über den Versuchungen der Welt halten.

Es ist die Versuchung, die uns nach unten zieht, und dann fallen wir in die dunkle Nacht der Seele."[1]

„Unsere Abhängigkeit von Gott muss absolut sein. Es ist nicht so, dass wir uns erst selbst reinigen müssen und dann zu Ihm gehen. Er muss uns läutern. Wir müssen zu Ihm gehen wie ein Kind. Ein Kind kommt in einem schmutzigen Zustand zu seiner Mutter. Die Mutter weist es nicht zurück und bittet es auch nicht, sauber zu werden. Sie nimmt das Kind, wäscht es und zieht ihm saubere Kleider an. Gott ist liebevoller als eine irdische Mutter."[2]

„In vielen Teilen der Welt herrschen Elend, Not und Hunger, und es obliegt denjenigen, die mit der Macht ausgestattet sind, Reichtum zu erwerben, diesen für den Dienst an der Menschheit einzusetzen. Dies ist das edle Ideal, das euch diese Organisation vor Augen führt. Ramdas ist fest davon überzeugt, dass ihr dieses Ideal erfüllen werdet, wenn ihr euch ständig an Gott erinnert und euch dadurch zum höchsten Frieden und zur Glückseligkeit erhebt, denen das einzige Bestreben des Menschen gilt.

Glück entsteht nicht durch den bloßen Besitz von Dingen, sondern dadurch, dass man sie für den richtigen Zweck einsetzt. Ein großer indischer Heiliger hat richtig gesagt: ‚Ihr müsst die Dinge besitzen und nicht von ihnen besessen sein.' Denn die Dinge, die wir besitzen, sind dazu bestimmt, nicht nur von uns selbst genutzt zu werden, sondern sind auch zum Nutzen der Menschheit. Wenn wir das tun, wird sich unsere Sicht erweitern, bis sie das Unendliche erreicht, und wir werden die glücklichsten Wesen sein. Glückseligkeit ist der Zweck und das Ziel dieses Lebens. Wahre Glückseligkeit werdet ihr auf diesem Weg und auf keinem anderen haben. Lasst also eure Herzen mit

---

[1] ders., S. 150 f.
[2] ders., S. 153

Gott verbunden sein und eure Hände für das Wohl der Menschheit arbeiten.

Das ist nur möglich, wenn ihr euch jeden Tag fünf oder zehn Minuten Zeit nehmt, um euren Geist nach innen zu richten und mit dem Göttlichen in euch zu kommunizieren, und wenn ihr danach ein Leben führt, in dem ihr spontan denen helft und die erhebt, die gefallen sind, und denen, die in Armut, Schmerz und Leid leben. So könnt ihr euer Leben erhaben machen, indem ihr es mit dem Frieden und der Glückseligkeit des Ewigen erfüllt."[1]

Bei einer Veranstaltung im East-West Cultural Centre in Los Angeles:

F: „Hast du Gott erkannt und Ihn gesehen?"

Ramdas: „Ja."

Frage: „Wie ist Er?"

Ramdas: „Wie du selbst! Alle Formen, die Ramdas sieht, sind die Offenbarungen oder Manifestationen Gottes."

F: „Hast du irgendwelche Kenntnisse über den Beginn der Zeit und der Erde?"

Ramdas: „Ramdas hat versucht herauszufinden, ob es so etwas wie Zeit überhaupt gibt. Es gibt nur Unendlichkeit, es gibt nur Ewigkeit, und unsere Berechnungen von Zeit und Raum sind alle willkürlich."

F: „Glaubst du, dass die Menschheit in der Lage sein wird, ein Zehntel von dem zu verstehen, was du heute Abend hier sagst?"

Ramdas: „Sie können es verstehen und sie können es erkennen, aber sie wollen es nicht."

---

[1] ders., S. 155 f.

F: „Wie können wir uns immer daran erinnern, was du gesagt hast?"

Ramdas: „Ihr seid gekommen, um zu hören, was Ramdas sagt, damit ihr euch daran erinnert und es nicht vergesst. Wenn ihr wirklich ernsthaft seid, könnt ihr es nicht vergessen."

F: „Kannst du dich selbst heilen?"

Ramdas: „Von was?"

F: „Von jeder Krankheit, jedem Leiden."

Ramdas: „Körperliche Krankheiten kommen und gehen. Warum sollte sich Ramdas darüber Gedanken machen? Das, was kommt und geht, sollte uns nicht beunruhigen. Wir müssen uns immer auf das Ewige einstimmen, in dem es weder Krankheit noch Tod gibt. Wenn wir das tun, was macht es dann aus, wenn der Körper einmal krank und ein anderes Mal gesund ist? Es liegt in der Natur des Körpers, Krankheiten zu haben, und wenn man eine Krankheit heilt, kann sie wiederkommen, oder eine andere kann kommen. Ihr müsst die Krankheit des Lebens selbst heilen, die man Unwissenheit nennt und die den Tod mit sich bringt. Wenn ihr sie heilt, werdet ihr unsterblich und ewig glücklich sein."

F: „Hast du den Zustand erreicht, der *Nirvana* genannt wird?"

Ramdas: „Was verstehst du unter *Nirvana*?"

F: „Vollkommene Glückseligkeit und *Ananda*."

Ramdas: „*Nirvana* ist ein Wort, das in den buddhistischen Schriften vorkommt. Sogar in der *Bhagavad Gita* wird *Nirvana* erwähnt, was Befreiung aus dem Kreislauf von Geburt und Tod bedeutet, aus der Knechtschaft des Begehrens. Wenn das Verlangen völlig erloschen ist, dann erkennt man, dass man unsterblich ist, und genießt Glückseligkeit und Frieden."

F: „Hast du diesen Zustand erreicht?"

Ramdas: „Das hat dir Ramdas bereits gesagt. Hätte er diesen Zustand nicht erreicht, wäre er nie gekommen, um euch davon zu erzählen. Er wäre in die Höhlen im Himalaya gegangen. Er hätte keine Befugnis, mit euch über Gott zu sprechen, wenn er Ihn nicht erlangt hätte."

F: „Meinst du nicht, dass man Spiritualität in die Politik einbringen muss?"

Ramdas: „Wir müssen die Politik spiritualisieren und vergöttlichen. Dann wird es die Politik als solche nicht mehr geben. Wir werden ihr einen anderen Namen geben müssen. Wenn der Stein des Weisen Eisen berührt, wird es in Gold verwandelt. Es ist kein Eisen mehr übrig. Wenn du also die Politik vergöttlichst, wird es keine Politik mehr geben."

F.: „Bist du nicht der Herr deines eigenen Schicksals?"

Ramdas: „Gott ist der Herr über Ramdas' Schicksal."[1]

„F: „Glaubst du an die Auslöschung der Seele in Gott?"

Ramdas: „Nein. Es ist nur die Vernichtung des Ego-Sinns. Wenn der Ego-Sinn aufhört zu existieren, erkennen wir, dass wir eins mit Gott sind. Auch danach behalten wir unsere Individualität, aber sie ist vollständig von der Kraft, der Herrlichkeit und dem Licht Gottes erleuchtet. Nachdem wir also eins mit Ihm geworden sind, behalten wir immer noch eine getrennte Existenz."

F: „Was hast du über Jesus zu sagen, der die Geldwechsler aus dem Tempel vertrieb?"

Ramdas: „Er tat dies nicht aus Hass, sondern aus reiner Liebe, um sie auf den rechten Weg zu bringen. Es war ein Akt der Korrektur. Seine Liebe war so großartig und veredelnd, dass er niemanden sehen konnte, der es wert war, verurteilt zu werden.

---

[1] ders., S. 195 f.

Das ist nicht das, was wir tun: Menschen hassen und sie verurteilen. Das Herz von Jesus war ein Herz aus Gold."

F: „Glaubst du, dass Christus Gott war?"

Ramdas: „Ja. Ist es notwendig, dass ein Inder, ein Hindu, kommt und euch das sagt?"

F: „Kann Gott personifiziert werden?"

Ramdas: „Wenn Er nicht personifiziert werden kann, wie kann Er dann allmächtig sein?"

F: „Kann Gott wirklich eine Person sein?"

Ramdas: „Warum nicht? Er ist gleichzeitig persönlich und unpersönlich."

F: „Warum hat er gelitten?"

Ramdas: „Durch Sein Leiden hat Er uns gedient und uns gerettet."

F: „Hätte Er dies nicht auch auf andere Weise tun können?"

Ramdas: „Warum nicht auf diese Weise? Wir können nicht erwarten, dass Er die Dinge so tut, wie wir es uns wünschen. Er wollte es auf diese Art tun."[1]

Ramdas reiste nach Hollywood, wo er Paul Brunton und Joel Goldsmith traf. Von dort ging es weiter nach Japan, wo er dem berühmten Zen-Meister Daisetsu Teitaro Suzuki begegnete, dann nach Malaysia, Ceylon und zurück nach Indien. Die Gruppe kam am 2. Januar 1955, nach ca. 5 Monaten, wieder im Anandashram an.

---

[1] ders., S. 209-211

Das Leben im Ashram und Swami Ramdas' Ende

Ramdas unternahm von 1936 bis 1938 und 1949 bis 1957 jährlich eine Reise durch Indien, um seine Freunde zu besuchen. Ansonsten war er im Ashram anzutreffen.

Es kamen viele Besucher für kürzere oder längere Zeit in den Anandashram, auch aus dem Westen. Eine der Routinen war, dass am Nachmittag aus Sri Ramakrishnas Gospel oder anderen spirituellen Büchern und heiligen Texten vorgelesen wurde, und in der *Bhajan*-Halle wurde zu festgesetzten Zeiten das Ram-Mantra gesungen. Ansonsten waren die Besucher frei, und es gab kein weiteres Programm. Ramdas und Krishnabai waren für alle Besucher zugänglich und offen für Gespräche und die Beantwortung von Fragen. Ramdas weihte viele in das Ram-Mantra ein. Manchmal erzählte er auch spirituelle Geschichten oder von den Erlebnissen auf seinen Pilgerreisen. Er schrieb für die Zeitschrift „The Vision" zahlreiche Artikel und führte eine umfangreiche Korrespondenz mit Freunden weltweit. Krishnabai kümmerte sich um die Organisation und hatte viele Aufgaben zu bewältigen. Zeitweise nahm sie auch Waisenkinder bei sich auf. Wie bereits erwähnt, wurde eine Grundschule, eine Gewerbeschule und eine Krankenstation gegründet. Es wurde Feldarbeit betrieben, die viele Familien der Umgebung ernährte.

In seinen späteren Jahren litt Ramdas an Rheuma und Diabetes. Am Abend des 25. Juli 1963 hatte er einen schweren Herzinfarkt und brach zusammen. Krishnabai und Satchidananda trugen ihn auf seine Liege. Plötzlich setzte er sich auf und sang: „Hari, Hari, Hari Ram". Er starb, wie er gelebt hatte, mit dem Namen Gottes auf seinen Lippen. In der Folge fiel es Krishnabai zu, die Leitung des Ashrams zu übernehmen.

Chronologie von Swami Ramdas' Leben

10.4.1884: Geburt von Vittal Rao in Hosdurg, Kerala

1908: Heirat mit Rukmabai

1913: Geburt der Tochter Ramabai, Familienleben, wechselnde Arbeitsplätze an verschiedenen Orten

1919: Vittal gründet seine eigene Firma zum Färben und Bedrucken von Saris.

27. 12. 1922: Vittal gibt seinen Beruf auf und verlässt die Familie.

1922-1923: Entsagung, „Auf der Suche nach Gott"; Vittal wird zu Ramdas.

1923: Besuch bei Ramana Maharshi

1923-1928: weitere Reisen, „Mit der Schau Gottes"

1928: Gründung des Anandashram in Kasaragod

1928: Krishnabai kommt kurz nach der Eröffnung des Ashrams zu Ramdas.

1931: Der Ashram in Kasaragod wird aufgegeben. Gründung des Anandashram in Kanhangad, der bis heute besteht

1933: Gründung der Zeitschrift „The Vision"

August 1954-Januar 1955: Weltreise, „Die Welt ist Gott"

25.7.1963 Tod von Ramdas, Krishnabai führt den Ashram weiter

Glossar

Amba: Muttergottheit

Ananda: Glückseligkeit

Anna: Münze im Wert von einer sechzehntel Rupie, nicht länger in Gebrauch

Asan(a): ein Sitzplatz fürs Yoga bzw. yogische Körperhaltung

Ashram: Wohnsitz eines Heiligen, Kloster

Atman: das universelle Selbst

Avatar: Inkarnation Gottes

Bhagavad Gita: wörtl.: das himmlische Lied; Lehren von *Krishna* an Arjuna

Bhajan: Singen frommer Lieder

Bhajan-Mandir: Halle zum Singen frommer Lieder, Gebetshalle

Bhakti: Hingabe

Bhiksha: Almosen

Brahman: die höchste Wirklichkeit

Dal: Zubereitung aus Hülsenfrüchten

Darshan: Besuch der Gottheit im Tempel oder eines Heiligen, Schau

Dattatreya: bekannter Heiliger

Dhoti: Kleidungsstück, das Männer um die Taille tragen

Ganesha: elefantenköpfiger Gott, der zur Überwindung von Hindernissen angefleht wird

Ganja: Cannabis, Haschisch

Guru: spiritueller Lehrer, Vertreiber der Unwissenheit

Hanuman: hinduistische Gottheit in der Gestalt eines Affen, steht in enger Verbindung zu Rama (Ramachandra)

Jai: Sieg

Japa: Wiederholung des Namens Gottes oder eines Mantras

Japa-Yoga: Vereinigung mit Gott durch *Japa*

Jholi: Schultertasche aus Stoff

Jivanmukta: zu Lebzeiten Befreiter

Kali: Muttergottheit, die sowohl einen beschützenden als auch einen zerstörenden Aspekt hat; wurde von Ramakrishna verehrt

Karma: Handlung, Arbeit, die Folge aus den Handlungen vergangenen Geburten

Kaupin: Lendentuch

Khaddar: handgewebtes Tuch; Mahatma Gandhi propagierte die Verbreitung dieses Stoffes.

Kirtan: andächtige Musik

Krishna: die achte der zehn Inkarnationen Gottes

Kumbhamela: Hindufest, das nur alle zwölf Jahre gefeiert wird

Kuti: kleine Hütte, die von *Sadhus* bewohnt wird

Lota: kleines handliches Wassergefäß

Maharaj: eigentlich großer König, hier i.S. von großer Meister, Herr

Mahatma: große Seele

Mandir: Hindu-Tempel, Halle

Mantra(m): der heilige Name oder die Formel, die im *Japa* verwendet wird

Mela: Jahrmarkt

Murti: Bild, Statue einer Gottheit

Namaz: muslimisches Gebet

Nirvana: das Erlöschen der Begierde, des Hasses und des Nichtwissens, Zustand der Seelenruhe

Nirvikalpa Samadhi: der endgültige Zustand, in dem der Aspirant sein Einssein mit *Brahman* erfährt

Nishkama Karma: wunschloses Handeln

OM: Symbol für Gott oder *Brahman*

Pandavas: fünf Söhne des Königs Pandu im Mahabharata

Pandit: Gelehrter, Mitglied einer Gruppe kashmirischer Hindus

Paria: Unberührbarer

Pranayama: Atemkontrolle

Prasad: Gott oder dem Heiligen dargebrachte Speisen

Puja: Gottesdienst, Gottesverehrung

Pujari: Priester bei der *Puja*

Raja: König oder Prinz

Raja-Yoga: das königliche Yoga

Raja-Yogi: einer, der *Raja-Yoga* übt

Ram: Gottheit Rama, Ramachandra, Inkarnation des Gottes Vishnu

Ram-Bhajan: Singen von Rams Namen

Ramnam: Mantram über Ram: Om Sri Ram Jai Ram Jai Jai Ram

Rishi: Weiser

Roti: selbstgebackenes Brot

Sadhana: spirituelle Übung

Sadhu: Heiliger, Bettelmönch

Samadhi: Trancezustand

Sannyas: Entsagung, das Leben eines *Sannyasin*

Sannyasin: religiöser Bettelmönch

Sannyasini: weiblicher *Sannyasin*

Satchidananda: Sein, Bewusstsein, Seligkeit

Shankara, Shankaracharya: bedeutender Weiser

Shiva-Lingam: ein Symbol, das Shivas Kraft der Schöpfung, Erhaltung und Zerstörung darstellt

Sufi: eine religiöse Sekte unter den Muslimen

Swami: ehrenvolle Bezeichnung für einen *Sannyasin*

Tabla: indische Trommeln

Vakil: Jurist

Viraha: die Qual der Trennung

Vishvarupa Darshan: das Sehen der universalen Gestalt Gottes

Yoga: die Vereinigung der individuellen Seele mit Gott

Yogis: diejenigen, die Yoga praktizieren

Literaturverzeichnis

Chandrashekar: Passage to Divinity: The Early Life of Swami Ramdas, 7th ed., Kanhangad, 2022

Swami Papa Ramdas: Auf der Suche nach Gott, Gotteserfahrung, Interlaken, 1988

Swami Ramdas: Autobiografie eines Gottliebenden, Norderstedt, 2024

Swami Ramdas: In Quest of God, 3rd ed., Kanhangad, 1979

Swami Ramdas: In the Vision of God, San Francisco, 2018

Swami Ramdas: World is God, 5th ed., Kanhangad, 2000

Swami Satchidananda: The Gospel of Swami Ramdas, 3 Vols., 4th ed., Kanhangad, 2018

Lectures of Swami Ramdas: Swami Ramdas' Conversations and Speeches During the World Tour. – 5 Vols., 5th ed., Kanhangad, 2019

Weitere Literatur über Ramdas s. Anandashram: https://anandashram.org/shop/